CORONA, KLIMA, GENDERGAGA

Der große Aufbruch in eine Welt ohne Vernunft

Bibliografische Information: Die Deutsche Nationalbibliothek verzeichnet diese Publikation in der Deutschen Nationalbibliografie. Detaillierte bibliografische Daten sind im Internet über http://dnb.d-nb.de abrufbar.

Covergrafik:
Gerd Altmann

Herstellung und Verlag:
BoD - Books on Demand, Norderstedt

1. Auflage 2022
Copyright © 2022
alle Rechte vorbehalten

ISBN 978-3-755776-36-9

Ramin Peymani

CORONA, KLIMA, GENDERGAGA

Der große Aufbruch in eine Welt ohne Vernunft

MIT EINEM GASTBEITRAG
DER BÜRGERRECHTLERIN
UND LANGJÄHRIGEN
BUNDESTAGSABGEORDNETEN

VERA LENGSFELD

Wer Kritiker als Leugner bezeichnet, will Sachfragen zu Glaubensfragen machen, um Widerspruch zur Ketzerei erklären zu können.

Gastbeitrag von Vera Lengsfeld
Lügen in Zeiten von Corona

Am Ende des Jahres Zwei der Corona-Zeitrechnung ist es höchste Zeit, Bilanz zu ziehen. Wer dies nüchtern tut, kann nur zu dem Schluss kommen, dass Politik und Medien die Pandemietreiber sind. Damit will ich nicht behaupten, dass es am Anfang nicht wirkliche Furcht vor einem unbekannten Virus war, die die chaotischen Handlungen der Politik verursacht hat. Aber allzu schnell hat die Politik Gefallen an der neuen Macht gefunden, Maßnahmen über die Bevölkerung zu verhängen, die bei Bestrafung mit härtester sozialer Ausgrenzung befolgt werden müssen. Seit inzwischen zwei Jahren leben wir in einem Gewebe von Lügen, die dabei sind, die Gesellschaft zu zersetzen.

Obwohl sehr schnell klar war, dass etliche entscheidende Messgrößen, nach denen die Stärke der Pandemie bestimmt wurde, keine zuverlässigen Daten lieferten, werden sie bis heute angewandt. Dies gilt zuallererst für die sogenannte Inzidenz. Sie soll angeblich das Infektionsgeschehen abbilden. Der PCR-Test, der dafür zur Anwendung kommt, ist jedoch gar nicht geeignet, das Krankheitsgeschehen zu erfassen. Mit diesem Test kann nur festgestellt werden, ob eine Person positiv auf das Virus getestet wurde. Allerdings erfasst der Test auch nicht infektiöse Virentrümmer. Er kann überdies nicht anzeigen, ob es sich um eine Neuinfektion handelt. Dennoch werden in der Öffentlichkeit alle positiv Getesteten als Neuinfektionen ausgegeben.

Jeden Tag werden diese falschen Zahlen von den Medien übermittelt. Die Praxis wurde unbeirrt fortgeführt, nachdem selbst die Weltgesundheitsorganisation WHO auf ihrer Website eingeräumt hatte, dass die PCR-Tests nichts über den wirklichen Krankheitsverlauf aussagen können. Von Anfang an wurde verschwiegen, dass weit über 90% der Bevölkerung nicht von Covid-19 betroffen sind. Es ist vor allem eine Krankheit der Alten. Kinder und Jugendliche sind kaum betroffen.

Bei der Meldung der Totenzahlen wurden alle mitgezählt, die zwar positiv auf das Virus getestet wurden, aber an einer anderen Krankheit oder an einem Unfall gestorben waren. Um die Lüge undurchschaubarer zu machen, war anfangs in den Meldungen von *„an und mit"*, später von *„in Zusammenhang mit Corona"* Verstorbenen die Rede.

Mit hohen Inzidenzzahlen wurde die angebliche Intensivbettenkrise begründet. Allerdings hat es die zu keinem Zeitpunkt gegeben. Im Jahr 2020 wurden 20 Krankenhäuser geschlossen, und insgesamt sollen 4000 Intensivbetten abgebaut worden sein. Trotzdem kam es auch 2021 zu keiner Intensivbettenkrise, wie sie mehrmals von Politikern und Experten vorausgesagt worden war. Noch Anfang Dezember 2021 wurde von Experten vor 6000 Corona-Intensivpatienten gewarnt. Zum Jahreswechsel waren wir weit von diesem Horrorszenario entfernt. Doch trotz sinkender Inzidenzzahlen und reichlich freien Intensivbetten wurden die Corona-Maßnahmen ab dem 28. Dezember verschärft.

Deutschland hat sich an die Spitze der weltweiten Rangliste der Länder mit den schärfsten Corona-Maßnahmen gesetzt.

Gleichzeitig wird auf allen Kanälen von Politik und Medien weiter Panik geschürt. Die frisch eingesetzte „Expertenkommission" der neuen Bundesregierung kommt gar zu dem Schluss, dass Omikron eine völlig neue Dimension ins Pandemiegeschehen bringe. Die neue Virusvariante könne die kritische Infrastruktur unseres Landes bedrohen, wenn wegen scharenweise auftretender Erkrankungen eine Massenquarantäne verhängt werden müsse: „Hierzu gehören unter anderem Krankenhäuser, Polizei, Feuerwehr, Rettungsdienst, Telekommunikation, Strom- und Wasserversorgung und die entsprechende Logistik."

Experten für diese Strukturen sitzen allerdings nicht im Corona-Gremium, was die Frage aufwirft, mit welcher Berechtigung Virologen, Immunologen, Modellierer, Medizinethiker, Kinder- und Jugendmediziner und Psychologen solche Prognosen abgeben.

Auffällig ist, dass die gescheiterten Horrorszenarien, die bislang Inzidenzen und Intensivbetten betrafen, nun auf die ganze Gesellschaft ausgedehnt werden. Allerdings droht der kritischen Infrastruktur tatsächlich Gefahr: Durch die vom Atom- und Kohleausstieg verursachte Energiekrise, die durch leere Gasspeicher noch verschärft wird. Sollte es zu flächendeckenden Stromausfällen kommen, was auch die Wasserversorgung massiv beeinträchtigen würde, wäre schon mal ein Schuldiger gefunden. Ein Virus kann im Gegensatz zu einem Politiker nicht zur Rechenschaft gezogen werden.

Nach gut zwei Jahren fuhrwerkt die Politik immer noch im Blindflug herum. Statt die verhängten Maßnahmen zu evaluieren, also auf ihre Sinnhaftigkeit zu prüfen, werden sie einfach weiter in immer schärferen Formen verhängt und immer härtere Zwangsgelder gefordert. Im Öffentlichen Nahverkehr gilt inzwischen die 3G-Regel, das heißt, man muss sich testen lassen, um sie benutzen zu dürfen. Wer ohne Test oder 2G-Nachweis fährt, muss mit mindestens 50 Euro Strafe rechnen. Kontrolliert werden soll das in den Zügen von den Schaffnern. Man muss ihnen nicht nur seinen Test oder 2G-Nachweis vorlegen, sondern auch den Ausweis. Allerdings entziehen sich viele Schaffner dieser Zumutung und kontrollieren weiter nur die Fahrkarten.

Die unangenehme Kehrseite des Corona-Regimes ist, dass es nicht nur zur Denunziation der Mitbürger aufruft, sondern auch lauter kleine Machthabende hervorbringt. Da wird eine Verkäuferin bei TEDI zur Amtsperson, die mit harscher Stimme Nachweis und Ausweis einfordert. Oder Kinos, wie die Kulturbrauerei in Berlin, zwingen ihre Besucher, endlos Schlange zu stehen, auch in der feuchtkalten Luft vor der Tür, um die politisch diktierten Kontrollen von überfordertem Personal durchführen zu lassen. Diese Kontrollen sind besonders demütigend, wenn man sich vor Augen führt, dass gleichzeitig ungeimpfte und ungetestete

Personen ohne gültige oder mit sichtbar gefälschten Papieren ins Land gelassen werden. Im Land der Lügen ist es schwerer, einen Cappuccino im 2G-Café zu bekommen als die Landesgrenze zu passieren.

Unter dem Corona-Regime werden seit März 2020 nach und nach die Grundrechte der Bürger geschleift. Sie stehen noch auf dem geduldigen Papier, gelten aber de facto nicht mehr. Die Meinungsfreiheit ist durch „Shitstorms", in denen unliebsame Äußerungen verbal sanktioniert werden, und die folgende soziale Ächtung abgeschafft. Montagsspaziergänge sind inzwischen generell verboten, womit das Grundrecht, sich friedlich ohne Waffen zu versammeln, gestrichen ist. Selbst das verfassungsmäßige Recht auf körperliche Unversehrtheit ist per Impfpflicht außer Kraft gesetzt. Während die Wirksamkeit der Impfungen dahinschmilzt wie Schnee in der Märzsonne, wird die vollständige Impfung der Bevölkerung erzwungen. Anfangs hieß es, zwei Impfungen böten absoluten Schutz, dann verkürzte sich der Zeitraum rasant auf sechs, auf drei und inzwischen in Nordrhein-Westfalen auf nur noch einen Monat. Mit der Drittimpfung wurde gerade erst begonnen, da war der vierte „Piks" schon im Gespräch.

Obwohl man inzwischen zugeben muss, dass die Impfung weder vor Infektion noch vor Erkrankung schützt und die letzte Verteidigungslinie lautet, sie verhindere aber schwere Verläufe, hält die Politik an der Impfpflicht fest. Um das zu können, wird bezüglich der Impffolgeschäden gelogen, dass sich die Balken biegen. Genügten bei der Schweinegrippe noch ein paar Fälle von Schlafkrankheit, um die Impfung zu stoppen, werden die Herzattacken von Leistungssportlern und andern jungen Menschen einfach ignoriert. Dabei sind noch nie so viele Leistungssportler plötzlich und unerwartet an Herzproblemen verstorben wie 2021.

Das Symbol der Pandemie sind die Masken. Ohne Maskenpflicht würden die meisten Menschen nicht merken, dass wir uns in einer vermeintlichen medizinischen Krise befinden. Durch die tägliche Erinnerung per Maske werden die Menschen in Daueralarm versetzt. Dieser Alarm wird verstärkt durch die tägliche Covid-Propaganda, mit der immer neue Horrorszenarien unters Volk gebracht werden. Zum Jahreswechsel 2021/22 sanken die Inzidenzzahlen. Prompt wurde allen Mitteilungen hinzugefügt, dass zwischen den Jahren die Infektionen nicht vollständig gemeldet worden wären. Gesundheitsminister Lauterbach schätzte sogar öffentlich, dass sie zwei- bis dreimal so hoch sein müssten. Sein Vorgänger, dessen Namen man sich nicht zu merken braucht, hatte im Herbst 2021 verkündet, bis zum Frühjahr wäre in Deutschland jeder entweder genesen, geimpft oder gestorben. Von solchen unverantwortlichen, ja infantilen Bemerkungen wimmelt es nur so in der Politik und in den staatsnahen Medien. Ziel einer solchen Propaganda kann nur sein, Angst zu erzeugen. Wer ängstlich ist, sucht Orientierung und Schutz. Den könne nur die Politik bieten, wird den Bürgern suggeriert. Absoluter Gehorsam soll also vor Krankheit schützen, während Gesundheit zur Subversion mutiert. Ein Rebell ist, wer über ein intaktes Immunsystem verfügt.

Beschäftigen wir uns mit den Auswirkungen der Corona-Maßnahmen: Die Verantwortlichen ignorieren die Tatsache, dass der Mensch ein beständig um Selbstachtung bemühtes Geschöpf ist. Greift man seine Selbstachtung an, zerstört man ihn. Die Corona-Maßnahmen tun genau das. Sie erzeugen Gefühle der Kränkung und der Demütigung. Da das Wissen um die beschränkte Wirksamkeit der medizinischen Masken und die Schädlichkeit der FFP2-Masken evident ist, muss man schlussfolgern, dass sie hauptsächlich der Aufrechterhaltung des gesellschaftlichen Angstpegels dienen.

Das Menschsein ist untrennbar mit der Unversehrtheit und der mimischen Funktionsfähigkeit des Gesichts verbunden. Unser Gesicht macht unsere Einzigartigkeit aus. Wir kommunizieren mit unseren Mitmenschen hauptsächlich über Mimik. Der Maskenzwang unterbindet diese Kommunikation, indem er Teile des Gesichts verdeckt und nur noch Schrumpfformen sozialer Interaktion zulässt. Das produziert Entwürdigung und Selbsterniedrigung selbst bei denen, die sich dessen nicht offen bewusst sind. Der Autor Friedrich Pohlmann bezeichnet den Maskenzwang als „bösartiger als das Grüßen des Geßlerhutes", mit dem er oft verglichen wird. „Der Zwang zum Gruß machte doch nur eine Geste und nicht das Gesicht zum Zielobjekt einer entwürdigenden Machtprozedur".

Ziel ist die willige Mithilfe der Bevölkerung an ihrer eigenen Entmachtung, die bis zur Aufgabe der Selbstbestimmung über den eigenen Körper reicht.

Die Politik, daraus macht sie längst keinen Hehl mehr, hat sich die „Große Transformation" als Aufgabe gestellt. Damit gemeint ist die grundstürzende Veränderung unserer Wirtschafts- und Lebensweise. Das wird nicht ohne Widerstand der Bevölkerung abgehen, denn für die Menschen bedeutet diese Transformation einen erheblichen Verlust ihres Wohlstandes und ihrer Lebensqualität. Die konditionierten Lügen, die Anwendung immer neuer Machttechniken, sollen eine solche Opposition ausschalten. Das hat sich die Regierung Scholz sogar in aller Deutlichkeit in den Koalitionsvertrag geschrieben. Insofern kann die Corona-Pandemie, die von der Politik angetrieben wird, als Mittel zur Durchsetzung der „Großen Transformation" angesehen werden. Und wäre sie nicht aufgetreten, hätte die Politik die Pandemie erfinden müssen.

Die Transformation ist ein globales Regimeziel und kann damit nur global bekämpft werden. Der wachsende Widerstand gegen die Maßnahmen zeugt davon, dass immer mehr Menschen bewusst wird, dass sie sich ihr Leben zurückholen müssen, um ihre Zukunft zu sichern.

Vera Lengsfeld war Bürgerrechtlerin und Mitglied der ersten frei gewählten Volkskammer der DDR. Von 1990 bis 2005 saß sie im Deutschen Bundestag, bis 1996 für Bündnis 90/Die Grünen, danach für die CDU. Seitdem betätigt sie sich als freischaffende Autorin.

Prolog
Das Ende der Vernunft

Wir leben in totalitären Zeiten. „Moment", werden sich einige empören, „wir leben in einer Demokratie!" Formal ist das korrekt. Und doch kann niemandem verborgen geblieben sein, dass unsere freiheitlich-demokratische Grundordnung seit einigen Jahren immer mehr Schaden nimmt. War es anfangs das beklemmende Gefühl eines sich verengenden Meinungskorridors, in dem das Grundrecht auf Meinungsäußerungsfreiheit nicht mehr für alle gleichermaßen zu gelten scheint, so sind die Alarmzeichen der jüngeren Vergangenheit wesentlich ernster. Deutschland erlebt nicht nur immer weitergehende Eingriffe in die verfassungsmäßig garantierten Grundrechte, sondern die voranschreitende Erosion des Rechtsstaats und der Gewaltenteilung. Der Befund wiegt schwer, bilden doch gerade eine funktionierende Gerichtsbarkeit und unabhängige Verfassungsorgane die Säulen der Demokratie. Hier ist vieles in Schieflage geraten, nicht erst seit Corona.

Unter Ex-Kanzlerin Angela Merkel hat sich der deutsche Staat weit von den Ideen der Väter des Grundgesetzes entfernt. Inzwischen muss man gar konstatieren, dass wesentliche Grundrechte zur Disposition gestellt worden sind. Es brauchte dazu nur eine Gesundheitskrise, deren Ende die Politik immer weiter hinauszuzögern entschlossen scheint. Dass so viele Bürger diese Entwicklungen nicht sehen oder deren Gefährlichkeit nicht begreifen, lässt für die Zukunft nichts Gutes erahnen. Wer negiert, dass Gesetze und Gremien geschaffen worden sind, die es den Regierenden immer leichter machen, am Parlament vorbei zu entscheiden, wer nicht bemerkt, dass das höchste deutsche Gericht nur noch selten im Sinne der Bürger urteilt, wer die Einseitigkeit im Umgang mit Meinungen nicht wahrnimmt, muss sich fragen lassen, wo er sich in den letzten Jahren aufgehalten hat. In Deutschland offenbar nicht.

Die Politik inszeniert eine Krise nach der anderen, um sich hernach als Retter aufzuspielen. Dabei wird gelogen, was das Zeug hält, werden Katastrophenszenarien erfunden, für die sich immer helfende „Experten" finden, und Zahlenwerke kreiert, die so himmelschreiend unwissenschaftlich sind, dass es jeden halbwegs Gebildeten schütteln müsste. Doch die in Panik versetzte Masse jubelt ihren Erlösern zu, weil sie die Sorge um die Zukunft ihrer Kinder, die Angst vor einem „Killervirus" und der Kummer über die „rechte Gefahr" um den Schlaf bringen. Statt dem gesunden Menschenverstand zu folgen, der jede Nachrichtensendung als Propaganda entlarven würde, hält die Masse ausgerechnet das für wahr, was ihr im öffentlich-rechtlichen Rundfunk erzählt wird. Andere Stimmen, vor allem die der von den Regierenden verteufelten Kritiker aus dem Internet, lässt die Mehrheit nicht gelten. Es herrscht geradezu ein Gottvertrauen in die führende Politik und deren Sprachrohre.

Ausgrenzung, Diffamierung und Spaltung sind heute die Hauptwerkzeuge der polit-medialen Kaste. Aus Sicht der

Mehrheit trifft es die „Richtigen“, nicht realisierend, dass damit allen Bürgern der Boden der Demokratie unter den Füßen weggezogen wird. Die Regierenden haben leichtes Spiel angesichts der durch das Schüren von Ängsten willfährigen Schafherde. Keine Behauptung scheint zu absurd, keine Lüge zu dreist, kein Skandal zu groß, als dass sich die Schafe von ihren Hirten abwendeten. Wo nur noch Panik herrscht, fragt keiner mehr nach Details. Vernunft und Logik gelten sowieso nichts mehr. Die Moral hat über die Fakten gesiegt, Haltung ersetzt Wissen und staatliche Dogmen legen fest, was als Wahrheit zu gelten hat. Treiber der polit-medialen Propaganda sind die vielen Talkshows, in denen die immer gleichen Gäste das immer Gleiche sagen. Dort werden Realitätsleugnungen und Lügen so oft wiederholt, bis sie als Wahrheit und zutreffende Beschreibung der Wirklichkeit gelten.

Seit Corona der Politik das lange gesuchte Argument geliefert hat, die Gesellschaft umzubauen, sind alle Dämme gebrochen. So wenig geben sich die Akteure noch Mühe, ihr Tun zu verschleiern, dass die neue Bundesregierung gar mit dem Ziel der „Transformation“ angetreten ist. Das Volk hat die Regierenden jetzt lange genug geärgert, nun werden andere Saiten aufgezogen. Bald werden wir alle ärmer, aber glücklicher sein, verhöhnt uns der Vorsitzende des Weltwirtschaftsforums, Klaus Schwab. Bis zum Ende des Jahrzehnts wird an die Stelle klassischer demokratischer Strukturen ein globales Netzwerk großer Konzerne, ausgewählter „Nichtregierungsorganisationen“ und supranationaler Gremien getreten sein, das immun gegen Wahlen ist und weltweit bestimmt, was wir tun dürfen und wie wir zu handeln haben. Beim Weltwirtschaftsforum spricht man von der „Großen Transformation". Seit 2012 wurde sie vorbereitet. Nun wird sie umgesetzt.

Wenn der Totalitarismus einmal Einzug gehalten hat, sei es auch mit einem mildem Lächeln und dem Versprechen der Erlösung, verschwindet er freiwillig nicht mehr. Noch stößt er mancherorts auf erbitterte Gegenwehr. In einigen Ländern haben die Bürger erkannt, was ihnen blüht. Der Unabhängigkeitsdrang der Amerikaner, der britische Gerechtigkeitssinn oder die Staatsskepsis der Südländer sind hilfreich im Kampf gegen die Freiheitsfeinde. In Deutschland herrscht hingegen Obrigkeitshörigkeit. Sie hat in der Vergangenheit den Boden für totalitäre Strömungen bereitet. Zwar gehen auch hierzulande Zehntausende gegen die Bürgerrechtsangriffe auf die Straße, doch muss man kein Prophet sein, um zu ahnen, dass keine zweite „Wende" bevorsteht. Die Kirchen haben sich auf die Seite der Mächtigen geschlagen, die Presse kollaboriert mit den Herrschenden und der Apparat steht in Nibelungentreue fest zu seinen Befehlshabern. Alles wie gehabt.

Die „Große Transformation" ist ein Aufbruch in eine Welt ohne Vernunft. Sie ist ein Aufbruch in eine Gesellschaft mit immer weniger Bürgerrechten und immer mehr Macht für die Herrschenden. Die „Kümmerer" und „Retter" haben erst subtil, dann immer aufdringlicher dafür gesorgt, dass eine Mehrheit der Deutschen die Verantwortung für ihr eigenes Schicksal bereitwillig in die Hände der Regierenden legt. Eigenverantwortung empfinden viele als Belastung, Freiheit als Verlust von Sicherheit. Ein Volk, das so tickt, macht es denen leicht, die ihre Macht dafür missbrauchen, Kontrolle zu erlangen und Menschen zu unterwerfen. Das Totalitäre zeigt sich längst in der Sprache, derer sich die Politik in Bezug auf Andersdenkende und Kritiker bedient. Es zeigt sich in den wesentlichen Gesetzen der jüngeren Vergangenheit, die den Herrschenden mehr Macht gegeben und die Bürger weiter eingeschränkt haben. Es zeigt sich in der Selbstverständlichkeit, mit der die Politik die Gesellschaft umstürzt.

Verstehen Sie dieses Buch als ungeschönte Aufzeichnung des Aufbruchs in eine neue Zeitrechnung. Wenn einst das digitale Gedächtnis kritischer Autoren gelöscht sein wird, gibt es hoffentlich irgendwo auf einem Speicher ein nicht verbranntes Exemplar von „Corona, Klima, Gendergaga", das die Ungeheuerlichkeiten unserer Zeit für die Nachwelt zugänglich macht.

Kampf gegen Rechts
Eine Regierung und ihr verfassungswidriges Gesetz

Im April 2021 trat die Verschärfung des „Gesetzes gegen Hassrede" im Internet in Kraft. Mit dieser werden Anbieter Sozialer Netzwerke verpflichtet, als hetzerisch eingestufte Inhalte nicht mehr nur zu löschen, sondern darüber hinaus die Bestandsdaten der Urheber an das Bundeskriminalamt weiterzuleiten. Die ursprünglich geplante generelle Meldeverpflichtung hatte das Bundesverfassungsgericht im Jahr 2020 unmittelbar nach der Beschlussfassung durch den Bundestag kassiert. Deswegen konnte Bundespräsident Steinmeier das Gesetz nicht unterschreiben – ein massives Ärgernis für die mit allen Ressourcen gegen den rechten Dämon kämpfende ehemalige Bundesregierung.

Wochenlang bedrängten die Koalitionäre anschließend ihren offenbar lediglich als Statthalter vorgesehenen Ersten Mann im Staat, das illegale Gesetz in Kraft zu setzen. Der Kampf gegen Rechts sei so wichtig, dass Verfassungsbedenken zurückstehen müssten. Man werde, so versicherten die Ministerien, schon irgendwann ein „Reparatur-Gesetz" erarbeiten, das die Verfassungswidrigkeit behebe. Ein solches Ansinnen musste jeden Demokraten zutiefst verstören und zum Glück blieb der Bundespräsident bei seiner Weigerung. Der Versuch, ein verfassungswidriges Gesetz zu erzwingen, war beispiellos in der deutschen Geschichte. Offenbar hoffte die Regierungskoalition, bis zur Korrektur Hunderttausende Bürger ins Visier nehmen zu können.

Am Ende half alles nichts: Mit leichten Retuschen trat die Gesetzesverschärfung einige Monate später dann doch in Kraft. Seither kann gezielt gegen Meinungsäußerungen im Internet vorgegangen werden, die dem linken Mainstream zuwider sind. Um keine Missverständnisse aufkommen zu lassen: Ich negiere keinesfalls die Tatsache, dass es in den Sozialen Netzwerken vor extremistischen Ansichten wimmelt. Auch mich widert es an, rechtsradikale Parolen, islamistischen Hass oder linksextreme Hetze lesen zu müssen. Doch für die Verfolgung von Hass und Hetze gab es schon vorher eine gesetzliche Grundlage. Und aus gutem Grund sieht unser Rechtsstaat vor, dass die Strafverfolgung erst nach gründlicher Prüfung erfolgt. Das fängt bei der Frage an, was den Kriminalämtern gemeldet wird. Wer Netzwerkbetreiber verpflichtet, selbst darüber zu urteilen, was durch das Recht auf freie Meinungsäußerung gedeckt ist und was nicht, begibt sich in die Hände des Mobs.

Fakt ist nämlich, dass ein erheblicher Teil der Löschungen in den Sozialen Netzwerken auf Hinweise von Nutzern erfolgt. Regelmäßig führen Einsprüche der Betroffenen dann zur Rücknahme der Löschung. Schon das zeigt, wie gefährlich es ist, die Übermittlung persönlicher Daten zur kriminalpolizeilichen Erfassung auf Basis anonymer Anschwärzungen politischer Gegner legitimieren zu wollen. Hier sollten wir genau hinsehen, war doch eben diese staatlich gewünschte Denunziation zur Eliminierung Andersdenkender eines der zentralen Elemente zur Absicherung der Herrschaft in den beiden deutschen Diktaturen.

Ohnehin ist schon der Titel des Gesetzes entlarvend. Dieser macht deutlich, dass es im Kern gerade nicht um den Kampf gegen jeglichen Extremismus geht. Das Anti-Hass-Gesetz ist explizit auf die „Bekämpfung des Rechtsextremismus und der Hasskriminalität" angelegt. Nur erahnen lässt sich, dass auch linksextremistische oder islamistische Hetze bekämpft werden soll, für die es im Internet mindestens so viele Beispiele gibt, wie für rechtsextremen Hass. Im Alltag ist außerdem zu erkennen, dass die Motivation zur Denunziation im linken Lager um ein Vielfaches ausgeprägter ist als im rechten. Es rühren sich weit weniger Internetnutzer, um linken oder religiösen Hass zu melden, was in der Natur der Sache liegt. Die Lust an der Denunziation ist im links-kollektivistischen Lager und bei religiösen Fanatikern eben besonders ausgeprägt.

Dass man die Vorfälle im US-Kapitol zum Anlass nahm, die Dringlichkeit einer Gesetzesverschärfung zu betonen, untermauerte den Eindruck, es sei vor allem darum gegangen, die Meinungsäußerungsfreiheit einseitig zu beschneiden. Angeblich waren die ins Parlament eingedrungenen Trump-Unterstützer durch die Tweets des Ex-Präsidenten angestiftet worden. So viel Entschlossenheit wünscht man sich, wenn nach linksextremen Aufrufen im Netz deutsche Städte in Schutt und Asche gelegt werden, oder wenn rund um islamistische Anschläge die Freude über die Ermordung Andersgläubiger in den Sozialen Netzwerken offen zur Schau getragen wird. Ob das Gesetz gegen die Hasskriminalität künftig auch hier seine Wirkung entfaltet?

„Zero Covid"
Sozialisten im totalitären Klassenkampf

Gerade die erste Phase der ausgerufenen Pandemie ließ die verrücktesten Ideen sprießen. So mancher sah die Chance gekommen, lange gehegte Phantasien in die Tat umzusetzen. Auf dem Höhepunkt der repressiven politischen Maßnahmen forderte eine von Georg Restle, Leiter des ARD-Magazins „Monitor", und der Klimaaktivistin Luisa Neubauer angeführte Gruppe einen unverzüglichen Kurswechsel. Aber nicht etwa die Lockerung der massiven Grundrechtseinschränkungen war ihr erklärtes Ziel, sondern deren Verschärfung. „Solidarischer Shutdown statt ermüdender Endlos-Lockdown", lautete ihr Slogan.

Weit über 80.000 Unterstützer schlossen sich schon in den ersten Tagen dem Aufruf an, der forderte, alle „nicht unmittelbar für die Daseinsvorsorge notwendigen Betriebe" bis auf weiteres „auch gegen kurzfristige Wirtschaftsinteressen" stillzulegen. Damit sollte erreicht werden, dass es bald keinen einzigen Corona-Fall mehr gäbe, weshalb sich die Initiative „Zero Covid" nannte. Kopfschüttelnd winkten Epidemiologen und Virologen ab. Ohnehin bedurfte es nur ein wenig gesunden Menschenverstands, um die Absurdität der Forderung zu erkennen. Folgerichtig hörte man schon bald nichts mehr von der radikalen Idee. Die Internetruine der Betreiber steht wie ein Mahnmal des totalitären Klassenkampfes im World Wide Web. Die Beteiligten haben sich wieder ihrem Hauptgeschäft zugewandt.

Die Aktivisten hatten wohlweislich nicht skizziert, welche Unternehmen sie denn der „grundlegenden Daseinsfürsorge" zuordnen. Diese hätten natürlich weiterarbeiten dürfen. Ganz genau wusste die von extremen Linken und grünen Ideologen dominierte Initiative aber, dass die Schließungen „durch einen vollen Lohnausgleich solidarisch finanziert werden" sollten. Steuerzahlergeld fürs Daheimbleiben, die Lieblingsformel der Internationalen Linken. Nicht mal das Arbeiten von Zuhause sei akzeptabel, weil es „die Lasten einseitig den Beschäftigten" aufbürde. Auch dies verdeutlicht, dass es eben nicht um den Infektionsschutz ging, sondern darum, Corona für den eigenen Kampf gegen das Unternehmertum zu nutzen.

Wer systemrelevant ist, bestimmen die Linken. Hinfort mit all den profitgierigen Ausbeutern und den Arbeitsplätzen, die dranhängen. Der Staat wird sich schon kümmern. Das bedingungslose Grundeinkommen lässt grüßen. Der Unternehmerhass der Sozialisten wird in den Vorwand des Kampfes gegen ein Virus gekleidet, um der eigenen Ideologie endlich zum Sieg zu verhelfen. Es ist beileibe kein Zufall, dass bei „Zero Covid" dieselben Protagonisten mitmischen, die schon beim ideologisch geführten „Kampf gegen den Klimawandel" an vorderster Front stehen. Den Fanatikern, die das ökosozialistische Utopia für real existierend halten und den Umbau der Gesellschaft zu einer kollektivistischen Schafherde anstreben, ist kein Manöver zu plump im verzweifelten Versuch, ihre zum Scheitern verurteilten Marxismus-Phantasien Wirklichkeit werden zu lassen.

Europaweit wollten sie den „solidarischen Shutdown" implementieren. Und dann? Sinn hätte doch höchstens ergeben, wenn die europäischen Grenzen konsequent abgeriegelt worden wären. Da jedoch beißt sich der Hund in den Schwanz, weil den für die Daseinsvorsorge notwendigen Unternehmen als Nebeneffekt dann schnell der Nachschub ausgeht. Vielleicht sollte die illustre Schar direkt oder indirekt auf Kosten der Steuerzahler lebender Denker doch noch einmal in sich gehen, so sehr sich die Unterzeichner von „Zero Covid" als Linksjugend, Antifa oder Feministisches Streikkollektiv bislang um unser Land verdient gemacht haben. Die Forderung ist nicht nur totalitär, sondern in ihrer Naivität auch bemitleidenswert unausgegoren. Es fehlt am Verständnis einfachster Zusammenhänge.

Konkret waren die Forderungen der Restle-Truppe immer nur bei der Frage, wer den Unsinn bezahlen soll. „Sonderabgaben auf Unternehmensgewinne und sehr hohe Vermögen" sollten es richten. Wie kreativ. Da hätte ich doch glatt eine Frage: Wie wäre es, lieber Herr Restle, wenn Sie selbst und Ihre fürstlich entlohnten ARD-Manager mit gutem Beispiel vorangingen? Und was mich noch mehr interessiert: Wieso halten Sie sich und Ihresgleichen eigentlich für systemrelevant? Ich wäre tatsächlich bereit, dafür zu zahlen, dass Sie zuhause bleiben und mich nicht mehr vom Bildschirm aus heimsuchen. Bezahlt daheim bleiben würden Millionen andere übrigens auch gerne. Nur müssen die leider das Geld für Sie und Ihre linken Staatsalimentierten verdienen. Mit oder ohne Corona.

Brüsseler Totalversagen
Ursula von der Leyen blamiert die Europäische Union

Es gab eine Zeit, da mussten Berufspolitiker zurücktreten, wenn sie ihrem Amt Schaden zugefügt hatten. Bereits die kleinsten Verfehlungen konnten das Ende politischer Karrieren bedeuten. Zu Recht werden besondere Maßstäbe an Volksvertreter angelegt – doch eine bürgerferne politische Kaste schert sich immer weniger darum. Sie lächelt ihre Krisen einfach weg. Schützenhilfe erhält sie von der ehemaligen „Vierten Gewalt", die zur „Fünften Kolonne" der Politik mutiert ist. Heute muss nur noch gehen, wem die Presse rechtspopulistische Anwandlungen andichten kann. Die unartige Kommentierung gängiger links-grüner Narrative reicht da aus.

Auch Corona präsentiert sich als Minenfeld für die politisch Verantwortlichen. Fürchten müssen diese allerdings nicht, dass ihnen ihr Dilettantismus oder ihre Lügen zum Verhängnis werden, sondern der unentschuldbare Fehltritt, die massiven Einschränkungen der Grundrechte zu hinterfragen. Als Präsidentin der EU-Kommission liefert Ursula von der Leyen ein weiteres Beispiel dafür, dass Versagen keinesfalls als Grund genügt. Eisern sitzt sie ihren Job aus, der sie zur am besten bezahlten europäischen Politikerin neben dem Bundeskanzler macht. Schon als Verteidigungsministerin hatte sie die Fähigkeit zur Schau gestellt, einen ausgewiesenen Mangel an Kompetenz zur Führung bedeutender politischer Ämter zu überstehen.

Im ersten Jahr ihrer EU-Amtszeit gab von der Leyen oft keine gute Figur ab. Es endete mit einer veritablen diplomatischen Krise, die das Zeug dazu hatte, den über zwanzig Jahre währenden Frieden in Nordirland zu bedrohen. Nur dem besonnenen Handeln des britischen Premierministers Johnson und dessen irischem Amtskollegen Martin war es zu verdanken, dass der Versuch, die eigene Inkompetenz mit einer Attacke auf Großbritannien und den britisch-schwedischen Arzneimittelhersteller AstraZeneca zu kaschieren, nicht eskalierte. In ihrer Verzweiflung über den vermasselten Deal mit dem Pharmaunternehmen hatte von der Leyen verfügt, dessen Impfstoff dürfe nicht mehr über Irland nach Großbritannien eingeführt werden. AstraZeneca zweige für die EU zugesagte Dosen ab und bevorzuge die Briten bei den Lieferungen, so der Vorwurf.

Mit der Anweisung, die Lieferungen von der Produktionsstätte in Belgien auf die britische Insel zu stoppen, hatte von der Leyen Artikel 16 des Nordirland-Protokolls ausgelöst, der allerdings nur im Falle „unerwarteter negativer Auswirkungen" der Brexit-Verträge die Verhängung einseitiger Schutzmaßnahmen gestattet. Das leichtfertige Zücken des schärfsten Schwertes löste selbst beim früheren EU-Chefunterhändler für den Brexit Michel Barnier Verwunderung aus. Die Modalitäten eines ungehinderten Warenverkehrs an der irisch-nordirischen Grenze waren über Jahre der größte Zankapfel zwischen Brüssel und London. Von der Leyen selbst hatte dabei immer wieder die Bedeutung eines offenen Grenzübergangs hervorgehoben.

Mit ihrem Vorstoß, der sich nach Offenlegung des Vertrages mit AstraZeneca als reichlich wackelige Behauptung herausstellte, hat von der Leyen der Europäischen Union enormen Schaden zugefügt. Dass sie anschließend nachtrat und reklamierte, AstraZeneca habe sich zu bestimmten Kontingentlieferungen an die EU verpflichtet, diese aber nicht eingehalten, hat bei vielen Briten letzte Zweifel darüber beseitigt, dass der Austritt aus dem „Bloc" der richtige Schritt war. Schon der wochenlange Vorsprung durch die Unabhängigkeit der britischen Regierung bei der Beschaffung von Impfdosen galt als klarer Fingerzeig.

Kleinlaut musste die Kommissionschefin, die noch wenige Monate zuvor vollmundig die „globale Solidarität" beschworen hatte, am Ende zurückrudern. Dem Säbelrasseln mit martialischem Kampfgeheul folgte der einsame Katzenjammer. Für von der Leyen kein Rücktrittsgrund. Gewählt wurde die Frau an der Spitze des tief in unseren Alltag hineinredenden EU-Apparats 2019 übrigens von keinem der rund 400 Millionen Wahlberechtigten. Das sollte an dieser Stelle nicht unerwähnt bleiben. Sorgen muss sie sich allerdings nicht. Erst, wenn es einem Journalisten gelingen sollte, eine unbedachte Äußerung aus launiger Runde auszugraben, in der sie vor ihrem erwachten Feuereifer für den „Green Deal" irgendwann einmal den menschlichen Einfluss auf den Klimawandel relativiert hatte, wäre ein Rücktritt unausweichlich. Einstweilen wird Ursula von der Leyen trotz aller teuren Berater allerdings weiter zum Schaden Europas in Brüssel dilettieren.

Bestelltes Horrorszenario
Eine weitere „Verschwörungstheorie" wird wahr

1967 führte die CIA, der Auslandsgeheimdienst der Vereinigten Staaten, die „Verschwörungstheorie" ins politische Vokabular der Neuzeit ein. Dies war die Reaktion auf die nicht enden wollende Kritik an der offiziellen Darstellung des Kennedy-Attentats. Seither hat der Kampfbegriff weltweit Karriere gemacht, um Zweifler offizieller Verlautbarungen abzukanzeln. Das Diffamierungswerkzeug erweist sich als besonders wirkungsvoll, seit Redaktionen und Regierungen im selben Team spielen. Der eingeübte Doppelpass zwischen Politik und Medien funktioniert inzwischen perfekt. Das Hinterfragen politischen Handelns gilt heute als rechtspopulistische Wortmeldung plumper Verschwörungstheoretiker.

Natürlich gibt es Wirrköpfe, die sich ihre Welt mit abstrusen Theorien zurechtbasteln. Doch der weit überwiegende Teil der Regierungskritiker besteht aus Menschen, die einfach nur ihren Verstand gebrauchen. In der Regel sind die Dinge nämlich weniger schwer zu verstehen, als man uns weismachen will. Auch bei Corona war Vernunftbegabten frühzeitig klar, dass hier ein Virus als willkommener Feind missbraucht wurde. Als die Faktenlage erdrückend wurde, wagten sich erste Leitmedien aus der Deckung. Das ständige Erfinden neuer Messzahlen und immer waghalsigere Verrenkungen zur Rechtfertigung von Maßnahmen waren von „Verschwörungstheorien" zur Realität geworden.

Die WELT AM SONNTAG legte fast ein Jahr nach Beginn der Corona-Maßnahmen offen, was sich jedem selbständig Denkendem schon im Frühjahr 2020 erschlossen hatte: Um die Grundrechtseinschränkungen durchsetzen zu können, hat die Politik die hierfür benötige Panik bestellt. Kernstück war der Entwurf eines Szenarios, nach dem im Fall ausbleibender Einschränkungen in Deutschland über eine Million Menschen sterben würden. Mit großem polit-medialen Getöse wurde dieses Narrativ seinerzeit verankert. Aus dem mehr als 200 Seiten umfassenden Schriftwechsel zwischen dem Innenministerium und einer Reihe von Forschern war ersichtlich, dass Wissenschaftler verschiedener Forschungsinstitute und Hochschulen, darunter auch die Bundesbehörde RKI, mit der Erstellung von Rechenmodellen beauftragt wurden, die das Ausmaß der Pandemie so dramatisch wie möglich vorhersagen sollten.

Eine solche Nachricht hätte einschlagen müssen wie eine Bombe, sollte man meinen. Doch weit gefehlt: Außer ein paar medialen Wiederkäuern, die ihre Chronistenpflicht erfüllten, interessierte sich das Journalistenkollektiv nicht die Bohne dafür, dass ausgesuchte Wissenschaftler dabei halfen, das Corona-Regime zu installieren. Insbesondere der öffentlich-rechtliche Rundfunk schwieg die Erkenntnisse tot, die in einer funktionierenden Demokratie zu rollenden Köpfen hätten führen müssen. Dass die WELT-Redaktion überhaupt an die Unterlagen kam, hatte sie der Beharrlichkeit einer Gruppe von Juristen zu verdanken, die die Herausgabe des Materials monatelang erstritten hatten.

Ganz offensichtlich ging es der Bundesregierung darum, eine scheinwissenschaftliche Grundlage zur Verhängung eines Lockdowns zu schaffen. Dies legt auch ein Schriftwechsel des Innenministeriums mit den Forschern nahe, der das Ziel formulierte, „Maßnahmen präventiver und repressiver Natur" begründen zu können. Es wurde prompt geliefert wie bestellt – auf der Basis von Rechenmodellen, für die es damals noch gar keine Daten gab und die heute umso absurder erscheinen. Dieselbe Vorgehensweise nutzt die Politik, um ihre Klima-Ideologie zu rechtfertigen und durchzusetzen. Es ist schon erstaunlich, wie viele Millionen Menschen ihr dabei auf den Leim gehen, obwohl bisher keines der Vorhersagemodelle gegen die Realität bestehen konnte – beim Klima ebenso wenig wie bei Corona.

Ein wackerer Mitarbeiter des Innenministeriums hatte im Mai 2020 übrigens öffentlich gemacht, dass die Folgen der Corona-Repressalien den Nutzen bei weitem übersteigen. Er hatte seine Analyse mit renommierten Wissenschaftlern und Medizinern erarbeitet – und wurde zum Dank kaltgestellt. Im Innenministerium setzte man lieber auf die Auftragsarbeit der Systemmitläufer. Es muss dabei gar nicht erst gemutmaßt werden, ob sich die Linientreue für die Beteiligten in klingender Münze bezahlt gemacht hat. Dem blassen Ego des Forschers, der unter der künstlichen Laborbeleuchtung selten schnelle Erfolge feiern kann, sind mediale Aufmerksamkeit und politische Dankbarkeit bereits Lohn genug. Mit der „gekauften" Wissenschaft wurde eine weitere „Verschwörungstheorie" wahr.

Corona sei Dank
Hurra, wir haben die Grippe besiegt!

Die Intelligenz ist bei den Menschen sehr unterschiedlich verteilt. Sich allein auf sie zu verlassen, muss ohnehin kein Vorteil sein. Im Tierreich gilt der Instinkt als entscheidender Erfolgsfaktor, und es wäre hilfreich, wenn sich mehr Menschen die angeborenen Instinkte erhalten hätten. Leider werden diese heute schon Kleinkindern ausgetrieben. Vor allem den seit der Jahrtausendwende Geborenen sind sie abhanden gekommen. Aber auch ein großer Teil aller anderen Menschen hat aufgehört, auf sein Bauchgefühl zu hören, das recht zuverlässig signalisiert, wenn etwas nicht ganz koscher ist.

Wäre es anders, so hätten die „Sektenführer" unserer Zeit wenig Erfolg beim Versuch, ein kollektivistisches Regime zu errichten, dessen Verheißungen ganze Heerscharen dazu verleiten, Propaganda für Wissenschaft zu halten, wie bei den Klimadogmen zu sehen. Und es wäre auch längst nicht mehr möglich, Corona-Maßnahmen zu rechtfertigen, die so widersprüchlich sind, dass sie die Intelligenz derer beleidigen, die sich ihren Instinkt bewahrt haben. Immer noch glauben Millionen, dass es angebracht ist, sich einsperren zu lassen, weil ein Erreger aus der Familie der Influenzaviren einen Bruchteil derer, die er befällt, gefährden könnte. Bis zur siebten Nachkommastelle müssen jene rechnen, die eine überhaupt erkennbare Zahl produzieren wollen, mit der sie ihr Treiben zu begründen versuchen.

Nahezu unbemerkt von der breiten Öffentlichkeit gab das Robert-Koch-Institut nach einem Jahr Corona eine Mitteilung heraus, die das Corona-Narrativ ins Wanken brachte: Es wurden in der Wintersaison kaum noch Grippefälle registriert. Die Erkenntnis war keinesfalls neu. Bereits im März 2020 war die Grippe mit Beginn der Corona-Tests auf einen Schlag verschwunden – und zwar vor der Maskenpflicht. Später wunderte sich die Weltgesundheitsorganisation über 98% weniger Grippefälle. Damals erklärten uns angebliche Faktenchecker, wir stünden ja erst am Anfang der Grippewelle. Doch die kam nicht. Nur wenige Hundert Fälle wurden in der Saison 2020/21 bei uns gemeldet, wo sonst Tausende schwerkranke Influenzapatienten die Intensivstationen bevölkern.

Natürlich hatten die Wahrheitshüter auch dafür eine Antwort parat: Dies sei das Resultat der Corona-Maßnahmen. Es drängte sich allerdings früh der Verdacht auf, dass die Grippe nur deswegen fast ausgerottet schien, weil sie sich hunderttausendfach in den Corona-Zahlen versteckte. Wo früher der Hausarzt ein paar Medikamente zur Linderung und Bettruhe verordnete, gibt es seit dem Frühjahr 2020 selbst dann einen Eintrag in die Statistik, wenn jemand nicht einmal krank ist. Und immer ist es Corona, obwohl die Unzulänglichkeiten des PCR-Tests frühzeitig bekannt und im sogenannten Peer Review offengelegt wurden. Es erscheint keineswegs verwegen, von den Corona-Opfern mindestens die durchschnittliche Zahl der Grippetoten der letzten Jahre abzuziehen.

Die Regierungssprecher des RKI suchen uns unaufhörlich heim, um immer neue Kriterien für die Corona-Herrschaft zu etablieren. Dabei können sie den Sinn ihrer Messzahlen oft selbst nicht erklären – wie auch? Von der Verrücktheit des definitionsfremd angewandten Inzidenzbegriffs über den missbräuchlichen Einsatz des PCR-Tests bis zur irren Fokussierung auf immer neue Parameter zur Fetischbedienung der Corona-Hardliner scheinen sich die Helfershelfer für nichts zu schade zu sein. Dem in Panik versetzten Publikum fallen die Ungereimtheiten bis heute mehrheitlich nicht auf. Wenn Menschen das Grummeln, das sie in der Bauchgegend verspüren, nicht für den natürlichen Reflex des Körpers auf eine Täuschung halten, sondern für die Reaktion auf eine angebliche Menschheitsbedrohung, helfen auch Urinstinkte nicht weiter.

Eine Spezies, die sich über ihre Intelligenz definiert, neigt dazu, selbst den größten Blödsinn zu rationalisieren, weil nicht sein darf, was nicht sein soll. Und so lassen sich die treuen Schäfchen vorgaukeln, die Politik rette sie vor der Massenvernichtung – wie sie das schon bei der drohenden Klimakatastrophe und der täglich aufs Neue abgewendeten Machtergreifung der Reichsbürger tut. Für intelligent hält sich heute, wer seine Joghurtbecher vor der Mülltrennung auswäscht, um den Weltuntergang zu verhindern, und ganze Absätze seiner Pipi-Langstrumpf-Bücher schwärzt, um Rassisten nicht in die Karten zu spielen. Auch Maskieren und Verstecken gilt mittlerweile als intelligent. Was soll man da noch sagen?

Die unterschätzte Pandemie
Von der gefährlichen Ausbreitung der Dummheit

Täglich wird uns suggeriert, wir könnten unser drohendes Aussterben nur noch verhindern, indem wir die nicht enden wollenden Freiheitsberaubungen akzeptieren, die uns verordnet werden. Zwar fallen dem Virus immer weniger Infizierte zum Opfer, doch haben sich die Regierenden zu sehr in ihr Herrschaftsmodell verliebt, als dass sie es wieder aus der Hand geben wollen. Vor Corona trichterte uns die Verblödungsindustrie ein, wir könnten eine bessere, reinere Welt erschaffen, indem wir auf Plastikbeutel, Verbrennermotoren und Kernenergie verzichteten.

Natürlich ist Umweltschutz eine gute Sache, doch dürfte die Zahl derer, die Plastiktüten in Gewässern entsorgen, in unserem Land recht überschaubar sein. Kfz-Motoren waren noch nie so verbrauchsarm und sauber wie heute. Und abgeschaltete Kernkraftwerke mögen zwar manchen besser einschlafen lassen – der Umwelt schadet dies jedoch immens. Um uns herum schert man sich zudem einen Teufel um havarierte Reaktoren im fernen Japan. Es paart sich immer häufiger Dilettantismus mit Ideologie. Wir werden von beschränkten Menschen regiert, denen beschränkte Menschen zu Mehrheiten verhelfen, mit denen sie Politik für beschränkte Menschen machen. Dies ist die Logik, die Demokratien innewohnt, weil sich durch die Grundanlage der Staatsform am Ende die Dümmsten durchsetzen. Das wussten schon die Alten Griechen.

Zu den Profiteuren gehören auch die Skrupellosen. Sie erobern die führenden Positionen in Politik, Wirtschaft und Gesellschaft. Sogar den Sport und die Kultur durchdringen sie. Oft genug haben sie finanzstarke Verbände und Netzwerke errichtet, die unter der absurden Bezeichnung der Nichtregierungsorganisation firmieren. Derweil klatschen die Beherrschten Applaus, da sie nicht durchschauen, was recht einfach zu erkennen wäre, läge die Durchschnittsintelligenz der Menschen höher. Gegen Dummheit ist nun mal kein Kraut gewachsen. Es wird ein ewiger Wunschtraum bleiben, die Welt gegen Einfalt impfen zu können. Geschehen würde es nicht einmal, wenn es möglich wäre, weil die Herrschenden es zu verhindern wüssten.

Nichts wäre für die „Eliten“ aus Politik und Wirtschaft gefährlicher als aufgeklärte, intelligente Bürger. Mit dem kleinen Teil, der ihr Treiben durchschaut, kommen sie hingegen spielend klar. Es reicht aus, die Dummen gegen sie aufzuhetzen. Am liebsten hetzt man sie gegen diejenigen auf, die sich der Möglichkeiten des 21. Jahrhunderts bedienen. Es sind die vielen freien Autoren, die über ihre Blogs, Publikationen, Podcasts oder Videos aufzuklären versuchen. Was dem Einzelnen noch vor zehn Jahren unmöglich war, nämlich Hunderttausende ohne besonderen Aufwand zu erreichen, ist inzwischen nicht mehr nur den Massenmedien vorbehalten. Die Herrschenden haben auf die Gefahr für ihre Agenda reagiert und der Bildung den Kampf angesagt. In der Generation der „Snowflakes“ zeigen sich erste Resultate.

Tatsächlich sind die allermeisten Mitläufer aber vor allem ignorant. Sie sind zu bequem, fühlen sich nicht recht persönlich betroffen oder sind – im besten Fall – einfach viel zu beschäftigt, um sich zu informieren oder gar zu organisieren. Erst wenn die Ärgernisse an die eigene Haustür klopfen werden sie aktiv. Klar, wer will schon ein Asylbewerberheim auf dem Nachbargrundstück oder ein Windrad vor der Terrasse? Die Corona-Maßnahmen sind hingegen in jedem Wohnzimmer angekommen. Statt zu protestieren, machen die Schäfchen aber brav „Määhhh". Der polit-mediale Klerus hat sie auf die neue Staatsreligion eingeschworen. Es ist wahrlich zum Verzweifeln.

Keiner von uns freien Autoren ist beim Geheimdienst. Fast alle Unterlagen, die wir unserer Arbeit zugrundelegen, sind öffentlich zugängliche Dokumente, nachzuprüfen mit einfachen Suchmaschinenanfragen und wenigen Mausklicks, oft genug nicht einmal in fremder Sprache. Niemals war es einfacher, sich zu informieren, nie zuvor war die Informationsflut aber auch unübersichtlicher. Die freien Medien füllen eine Lücke, die der „professionelle" Journalismus seit Jahren hinterlässt. Und das häufig ohne Entlohnung. Sie treffen allerdings auf Bürger, die immer noch lieber denen glauben, die sie so oft belogen haben. Nicht besonders klug, oder? Könnte Dummheit die größte Bedrohung der Menschheit sein? Sie ist ansteckender als das gefährlichste Virus, doch führt sie selten zum direkten Tod. Möglicherweise wird sie deshalb derart unterschätzt. Zu dumm.

Grüner Totalitarismus
Kommt demnächst das Erziehungsministerium?

Deutschland kommt die Demokratie abhanden. Wir leben in einer Übergangsphase, in der einige Wehrhafte noch zu verteidigen versuchen, was wohl nicht mehr zu retten ist, während die Architekten der „Brave New World" an der Umsetzung ihrer lange zuvor angefertigten Pläne arbeiten. Man muss nicht erst den neuen Gesundheitstotalitarismus bemühen, um zu erkennen, dass ein Zeitalter angebrochen ist, in dem mit grotesk verzerrter Tugendhaftigkeit ein auf Gängelung, Einschüchterung und Umerziehung angelegtes Staatsmodell errichtet wird.

Gerade drei Jahrzehnte ist es her, dass sich mutige Bürger einem deutschen Unrechtssystem entgegengestellt haben. Sie mussten damals fürchten, einfach über den Haufen geschossen zu werden. Heute hält schon die bloße Befürchtung, gesellschaftlich ausgegrenzt zu werden oder berufliche Nachteile zu erleiden, viele davon ab, sich überhaupt zu artikulieren. So ändern sich die Zeiten. Stets an vorderster Front zu finden sind im Kampf gegen Andersdenkende die Grünen. Die Verbotspartei, der jeder suspekt ist, der mit den sektenhaften Endzeitgelüsten fremdelt, sähe es am liebsten, wenn die Bürger nicht mehr nur durch Verbote, Ächtung und Strafandrohung auf Linie gebracht würden, sondern durch ein Ministerium, das der Gesellschaft verordnet, was sich aus Sicht der Grünen gehört, wie führende Parteivertreter in einem Positionspapier anregten.

Die Gruppe um prominente grüne Bundestags-, Landtags-
und Europaabgeordnete schlug dazu vor, das Grundgesetz
zu ändern, genauer gesagt Artikel 3. In diesem ist festgelegt, dass alle Menschen gleich sind, der Staat die Gleichberechtigung von Männern und Frauen durchzusetzen hat
und niemand „wegen seines Geschlechts, seiner Abstam-
mung, seiner Rasse, seiner Sprache, seiner Heimat und
Herkunft, seines Glaubens, seiner religiösen oder politischen Anschauungen" benachteiligt oder bevorzugt werden darf. Kein Normaldenker käme darauf, dass hier
eine Diskriminierungsart unerwähnt geblieben sein soll.
Die moralinsauren Weltverbesserer sehen das anders. Erst
die Ächtung „sämtlicher Formen gruppenbezogener Men-
schenfeindlichkeit" schaffe Gerechtigkeit.

Der Vorstoß verfolgt das durchschaubare Ziel, die links-
grüne Gespensterjagd im rechten Sumpf zu institutionali-
sieren, aus dem man gerne viel mehr zutage fördern würde als er hergibt. Nicht zufällig wählten die grünen Erziehungsbeauftragten den Jahrestag der Hanauer Morde für
ihre Veröffentlichung. Bis heute scheinen allerdings das
Motiv des geistesgestörten Täters und die Bedeutung seines Umfeldes nicht vollständig geklärt. Mit dem plakati-
ven Vorgehen entlarven sich die selbsterklärten Oberge-
rechten. Sie sind nicht an der „Förderung der Gleichberechtigung aller gesellschaftlichen Gruppen" interessiert,
wie sie behaupten, sondern an der organisierten Bevorzugung derer, denen sie eine Teilnahme am demokratischen
Diskurs zuzustehen bereit sind.

Klar dürfte nämlich sein, dass es nicht bei der konsensfähigen Verurteilung extremistischer Einstellungen bleiben, sondern das Augenmerk des im Positionspapier geforderten „Ministeriums für Gesellschaftlichen Zusammenhalt" sowie eines geänderten Grundgesetzartikels auf „rechtspopulistische" Ansichten gelegt werden würde. Dass das Ministerium über gewaltige Ressourcen verfügen würde, steht ohnehin außer Zweifel. Ganz nebenbei ließen sich weitere Pöstchen für „verdiente" Grüne schaffen. Claudia Roth findet jedenfalls Gefallen an der Idee. Die ehemalige Vizepräsidentin des Deutschen Bundestags gehört zu den bekanntesten Unterzeichnern des Forderungspapiers.

Die Grünen haben einen jahrzehntelangen Marsch durch alle Institutionen hinter sich gebracht, dessen Früchte sie nun ernten. Unserer Demokratie fügen sie auf diese Weise großen Schaden zu. Sollten Sie tatsächlich irgendwann einmal in der Bundesregierung ihr eigenes „Erziehungsministerium" bekommen, wären sie in der Lage, den von ihnen propagierten Umbau der Gesellschaft noch rasanter voranzutreiben und den öffentlichen Diskurs immer weiter einzuschränken. Dass sie dafür so wenig Widerspruch ernten, gibt Anlass zur Sorge. Der grüne Bannstrahl wird nämlich nicht vor jenen Halt machen, die sich jetzt noch in Sicherheit wiegen. Energie-, Umwelt- und Klimadogmen zu kritisieren, könnte in nicht allzu ferner Zukunft strafbar sein, ebenso manch andere Wortmeldung, die von der Meinungsäußerungsfreiheit bis heute gedeckt ist. Ich will es nur rechtzeitig gesagt haben.

Gedanken zum „Superwahljahr"
Die Parteien stehen der Demokratie im Weg

Gleich sechs Landtagswahlen sowie die Bundestagswahl fanden 2021 statt. Die Ergebnisse legen den Schluss nahe, dass die Deutschen nichts dazuzulernen. Mit Begeisterung geben sie ihre Stimme immer wieder jenen, die ihr Leben unfreier, teurer und beschwerlicher machen. Im deutschen Einheitsbrei ist es allerdings auch fast einerlei, wen man wählt. Heraus kommt stets eine links-grüne Melange, deren Hauptanliegen es ist, kollektivistische Ideologien zu verankern und eine einseitige Extremismusdoktrin durchzusetzen.

Dass dies nicht für alle Parlamentsparteien gilt, macht die Sache nicht besser, weil auch die Alternative zum althergebrachten Parteieneinerlei nicht unbedingt erfreulichere Perspektiven eröffnet. Was also tun? Tatsächlich benötigt der Parteienstaat eine Komplettinventur. Nach mehr als 70 Jahren muss unsere Demokratie zum TÜV, wenn wir sie weiterhin funktionstüchtig erhalten wollen. Sie ist inzwischen hauptsächlich für die Berufspolitik von Nutzen. Diese hat sich bequem eingerichtet in ihren Mandaten, in denen man in einer einzigen Legislaturperiode im Deutschen Bundestag beinahe so viel einstreichen kann, wie der Durchschnittsverdiener in einem halben Arbeitsleben. Der Lauf der Dinge wird dabei inzwischen regelmäßig von Protagonisten bestimmt, die gar nicht in den Parlamenten sitzen.

Sie werden – wie ihre Parlamentsgenossen – letztlich vom Steuerzahler finanziert. Ihre angeblich nicht regierenden Organisationen halten Hunderttausende in Marschbereitschaft, die irreführend als „Aktivisten" oder „Zivilgesellschaft" apostrophiert werden und rund um die Uhr auf ihren Einsatzbefehl warten. Neben den Parteiführungen sind vor allem sie es, die die Fäden der Abgeordnetenmarionetten in der Hand haben. A propos Abgeordnete: Wer es einmal in den erlauchten Kreis der Diätenkassierer geschafft hat, wird nichts unversucht lassen, um die Lizenz zum Gelddrucken bei der darauffolgenden Wahl zu verlängern. Dazu muss er sich nicht etwa dem Gemeinwohl verpflichten, sondern nur seiner Parteiführung.

Dies führt natürlich automatisch zu abhängigen Mandatsträgern. Wer hier nicht erkennt, dass unsere Demokratie in eine Schieflage geraten ist, dem ist nicht mehr zu helfen. Auf kommunaler Ebene sieht die Sache gottlob noch ein wenig anders aus. Dort dürfen die Bürger vielfach bestimmen, wen sie ins Parlament befördern – dem Kumulieren und Panaschieren sei Dank. Vermutlich ist dies vor allem deswegen erlaubt, weil der Entscheidungsspielraum der Mandatsträger auf kommunaler deutlich begrenzt ist. Aber auch für Städte und Gemeinden gilt ebenso wie für Landkreise: Dort, wo gesellschaftliche Weichen gestellt werden, halten die Parteien die Zügel straff in der Hand. Immerhin gibt es noch manchen parteilosen Bürgermeister – das letzte Refugium, in das die Parteien bisher nicht vollends haben eindringen können.

Wie kann unsere Demokratie wieder auf die Beine kommen? Hier lohnt ein Blick ins Ausland: Lebendige Demokratien zeichnen sich dadurch aus, dass sie die Macht der Parteien einschränken. Volksentscheide, der Verzicht auf eine staatliche Parteienfinanzierung oder auch das Funktionieren der „Vierten Gewalt" wirken Wunder. Dass eine wahre Säuberungswelle jeden hinwegfegt, der sich nicht im engen Korridor des Neusprechs der politisch Korrekten bewegt, und die Medienlandschaft von allen Künstlern und Journalisten „bereinigt" wird, die regierungskritische Töne anstimmen, macht allerdings wenig Hoffnung.

Um die „Herrschaft des Volkes" wiederherzustellen würde es schon ausreichen, sämtliche Staatsämter und Abgeordneten direkt von den Bürgern wählen zu lassen. Parteien hätten dann noch die Aufgabe, die Erfüllung der formalen Erfordernisse sicherzustellen. Sie sollen weiterhin „bei der politischen Willensbildung des Volkes" mitwirken, wie es unser Grundgesetz vorsieht. Mehr aber nicht. Zudem muss die Finanzierung aus Steuermitteln oder aus Spenden auf ein Minimum beschränkt werden. Außerdem sind endlich jene ins Visier zu nehmen, die ihre demokratischen Rechte missbrauchen und die Gesellschaft in Geiselhaft nehmen. Ohne Amt und Mandat bestimmen sie die Richtung der politischen Entscheidungen selbst gegen eine Wählermehrheit. Doch je größer die Zerstörung, umso mehr könnte sich die Sorge um elementare Grundbedürfnisse zur wirksamsten Waffe im Kampf gegen das Heer wohlstandsverwahrloster Ideologen entwickeln.

Die große Säuberung
Weg mit allen Bürgerlichen! Weg mit allen Liberalen!

Deutschland wird nachhaltig gesäubert. Wer sich nicht mit der Regierung verbünden will, muss weg, wer den Linksruck verweigert, sowieso. Missliebige Amtsträger werden systematisch entfernt und eigene Getreue eingesetzt. Für Aufsehen sorgten vor allem die umstrittene Neubesetzung an der Spitze des Bundesverfassungsgerichts und des Bundesamtes für Verfassungsschutz. Die Säuberungswelle hat aber auch viele andere Organisationen erfasst, beinahe unbemerkt vom Bürger, der mit den meisten Einrichtungen gar nicht in Berührung kommt, allerdings sehr wohl von deren Weichenstellungen betroffen ist.

Oft sind es unverdächtig anmutende Stiftungen, die mindestens als Meinungsmacher enormes Potential entfalten, etwa die für ihre regierungstreuen Publikationen bekannte Bertelsmann-Stiftung, die mit ihren Umfragen und Publikationen regelmäßig für Kopfschütteln bei klar Denkenden sorgt und gemeinsam mit den zahllosen linksfrisierten Medienagitatoren die veröffentlichte Meinung zur öffentlichen macht. In einer Art selbsterfüllender Prophezeiung werden auf diese Weise gemeinwohlschädliche Ideologien zum Bürgerwillen erklärt. Daneben gibt es eine Vielzahl staatlich geförderter Vereine, Verbände und Institutionen, die dafür sorgen wollen, dass die Gesellschaft links tickt. Konservative Ansichten, bürgerliche Tugenden und liberale Zwischenrufe stehen diesem Ansinnen im Weg.

Der Marsch der Alt-Linken durch die Institutionen trägt Früchte. Allerdings scheint das links-grüne Lager die Geduld zu verlieren. Mehr Tempo beim Staatsumbau sei notwendig. Dabei müsse ein „stärkeres Bewusstsein für Rassismus in deutschen Behörden" geschaffen werden, meint etwa das „Deutsche Institut für Menschenrechte". Der im Jahr 2001 mit der rot-grünen Mehrheit vom Bundestag ins Leben gerufene und seither mit einem hohen zweistelligen Millionenbetrag aus Steuergeldern geförderte Verein sieht trotz der Neuausrichtung in den Verfassungsorganen und Nachrichtendiensten einen gewaltigen Nachholbedarf bei der Säuberung der Sicherheits- und Strafverfolgungsbehörden. Ein „tatsächlicher Struktur- und Mentalitätswandel" sei notwendig.

Für die Veröffentlichung seiner Forderung hat der Verein den „Internationalen Tag gegen Rassismus" gewählt, den die Vereinten Nationen vor mehr als 50 Jahren als Reaktion auf das südafrikanische Apartheidsregime eingeführt hatten. Unterstützung kam prompt aus dem Bundesjustizministerium, das sogleich mahnte: „Wir dürfen in der Bekämpfung des Rassismus nicht locker lassen." Was selbstverständlich klingt, ist nicht zuletzt das Werben für ein Geschäftsmodell, das sich zwar bisher krisenresistent gezeigt hat, aber durchaus in Gefahr geraten könnte, wenn sich die Bürger in wirtschaftlich immer schwieriger werdenden Zeiten einmal echten, existentiellen Bedrohungen zuwenden. Wie viel Lust eine Mehrheit dann noch an der Rassismusleier hat, wird sich zeigen.

Dem Menschenrechtsinstitut könnte es ganz nebenbei darum gehen, die eigene Daseinsberechtigung zu untermauern, wenngleich sich die Organisation mit ihren fast 80 hauptamtlich Beschäftigten mit Blick auf ihre gesetzliche Verankerung keinerlei Sorgen um ihre Zukunft machen muss. Das Geld der Steuerzahler fließt reichlich. Mehr als sechs Millionen Euro waren es 2019, neuere Zahlen gibt es noch nicht. Über ein Viertel floss in Gehälter und Verwaltung. Satte 430.000 Euro weist der Jahresbericht 2019 allein für die beiden Vorstandsmitglieder aus.

Wer sich mit der Themenpalette des Instituts beschäftigt, stellt fest, dass dort all die Klassiker Platz finden, die der links-grüne Mainstream über seine öffentlich-rechtlichen Kanäle aufdringlich bewirbt: Dem Kampf gegen Rechtsextremismus, Klimawandel, Antisemitismus, Frauenfeindlichkeit, Antiziganismus und Rassismus sowie für mehr Migration hat man sich verschrieben, ist den Projektbeschreibungen zu entnehmen, durchgängig fein säuberlich gegendert. Projekte, die ausdrücklich den Linksextremismus zum Schwerpunkt haben oder sich gar mit der Gefahr des Islamismus auseinandersetzen, sucht man vergebens. Rassismus wird so definiert, wie es Staatsräson ist: Reklamieren können ihn nur bestimmte Opfergruppen. Der Ruf nach der Verankerung der einseitigen Rassismusdoktrin in der Justiz lässt befürchten, dass die Säuberungswelle bald auch die wackelnden Grundmauern der Gewaltenteilung fortspült. „Feiern Sie mit uns!", schallte es zum 20. Gründungstag. Zum Feiern ist mir ganz und gar nicht zumute.

„*CORONA.FILM – Prolog*"
Eine Dokumentation der Corona-Krise

Ganze Heerscharen haben sich einer unermüdlichen Aufklärungsarbeit verschrieben, seit die Pandemie ausgerufen
worden ist. Die vielen Widersprüche und Ungereimtheiten
haben nicht nur Virologen, Mediziner und Wissenschaftler, sondern auch Journalisten, Publizisten und Filmemacher auf den Plan gerufen. Für den weniger breit infor-
mierten Beobachter ist es dabei nicht einfach, seriös Re-
cherchiertes von plumpem Verschwörungsgefasel zu unterscheiden. Zu den ernstzunehmenden Werken zählt eine
Produktion von *OVALmedia*, die sich mit den zahlreichen
Fragen und Herausforderungen auseinandersetzt, die sich
rund um die Corona-Politik stellen. Es handelt sich dabei
um eine 75-minütige Dokumentation, die ich für eine der
gelungensten Aufarbeitungen der Corona-Krise halte.

Unaufgeregt und nüchtern werden die ersten fünfzehn Monate nachgezeichnet, von den frühen Meldungen über ein
„neuartiges Virus" über die Verhängung einschneidender
Maßnahmen bis zur globalen Impfkampagne. Der fesseln-
de Film offenbart die ganze Widersprüchlichkeit dessen,
was wir erleben. Zu Wort kommen Virologen, Psychologen, Ärzte und Pflegekräfte mit bewegenden Berichten aus
ihrem Arbeitsalltag und fundierten medizinischen Analy-
sen. Dass nicht nur in Deutschland mit „Auftragsstudien"
ein Höchstmaß an Panik geschürt wurde, um die Bevölkerung auf Linie zu bringen, bleibt dabei nicht unerwähnt.

Die Autoren gehen auch auf die martialischen Bilder aus Italien ein, die den Ausgangspunkt für den hektischen Politaktionismus bildeten. Beklemmend sind die Passagen, in denen die herzzerreißenden Folgen brachialer Corona-Verordnungen für alte und pflegebedürftige Menschen und deren Angehörige sowie für Kinder dokumentiert werden. Die hohen gesellschaftlichen und gesundheitlichen Kollateralschäden der Maßnahmen dürften das Leid durch das Virus längst übersteigen. Die Dokumentation beginnt und schließt mit dem Hinweis auf das Weltwirtschaftsforum und das Postulat des „Great Reset" – der von dessen Chef Klaus Schwab prognostizierten Neuen Welt, in der nichts mehr so sein wird, wie wir es bislang kannten, und in der wir nach Schwabs Vorstellungen schon bald nichts mehr besitzen werden.

Dass die Produzenten des Dokumentarfilms eher dem linken Spektrum zuzuordnen sind und sich in einem vielbeachteten Projekt vor nicht allzu langer Zeit für das bedingungslose Grundeinkommen stark gemacht haben, bringt das von der Politik gezeichnete Zerrbild rechter Corona-Leugner ins Wanken. Vielleicht ist die politische Heimat der Filmemacher der Grund dafür, dass eine Betrachtung der irreparablen wirtschaftlichen Verwerfungen aufgrund der Corona-Maßnahmen fehlt. Dies tut der Glaubwürdigkeit und Stärke des Films allerdings keinen Abbruch, der in der Frage gipfelt, in welcher Welt wir leben wollen. In der von der Politik geschaffenen Welt, in der Grundrechte zur Disposition gestellt werden, ganz sicher nicht.

„CORONA.FILM – Prolog" ist der erste Teil einer 360-minütigen investigativen Dokumentation, die – rund um den Globus gedreht – aufzeigt, warum sich SARS-CoV-2 so entfaltet hat, wie wir es erlebt haben und immer noch erleben, aus medizinischer, sozialer und politischer Sicht. „Nichts hätte so kommen müssen", resümieren die Produzenten, „nicht in Oberitalien, wo schreckliche Fehlentscheidungen und politische Show-Effekte ein globales Trauma auslösten. Und auch nicht in der offiziellen Darstellung der Pandemie in den Medien, wo eine einzige Wahrheit durchgedrückt wurde, um das herrschende Narrativ nur ja nicht durch Zwischentöne und Relativierungen zu stören."

Mit ihrer akribischen Aufklärungsarbeit über Corona sind die Dokumentarfilmer, die in den vergangenen zwei Jahrzehnten mehrere Preise und Filmförderungen abgeräumt und unter anderem für ARD, ZDF und Arte produziert haben, beim Mainstream in Ungnade gefallen. Sie gelten inzwischen als Komplizen der „Corona-Verharmloser" und „Impfgegner". Mehrere Videoplattformen haben den anfangs kostenfrei bereitgestellten Prolog-Film ohne Vorwarnung gesperrt oder die Veröffentlichung gar nicht erst zugelassen. Schon dies zeigt, dass es offenbar ein großes Interesse daran gibt, die Aufarbeitung des Geschehenen zu unterbinden und jene unmöglich zu machen, die nach Wahrheiten, Hintergründen und Erklärungen suchen. Genau aus diesem Grund sollten Sie sich die Dokumentation ansehen.

Silberstreif am Horizont?
Empörung über die Angriffe aufs Grundgesetz

Heute sind es ganz normale Bürger, die auf die Straße gehen. Die Wut treibt sie hinaus, aber auch pure Verzweiflung. Aus offiziellen Kreisen kommt kaum noch Widerstand. Dabei hatte vor nicht allzu langer Zeit Hoffnung gekeimt. Immerhin hatte der deutsche Landkreistag deutliche Worte gefunden. Und auch der ehemalige Vorsitzende des Deutschen Richterbundes erteilte der Verschärfung des Infektionsschutzgesetzes eine unmissverständliche Absage. Bis Ende 2019 hatte Jens Gnisa dem größten Berufsverband von Richtern und Staatsanwälten vorgestanden. Sein Urteil hat Gewicht. Und es fiel vernichtend aus.

Eine „Nichtachtung der Justiz" erkannte der renommierte Richter, nachdem die Erweiterung des mittlerweile nicht einmal mehr an eine Notlage geknüpften Freibriefs für die Politik öffentlich geworden war. Und tatsächlich erscheint die Eliminierung der unmittelbaren Parlamentsbeteiligung als dreister Angriff auf Demokratie und Gewaltenteilung. Mancher hatte wohl gehofft, die Selbstregulierungskräfte des demokratischen Rechtsstaats würden es schon richten. Dieser naiven Hoffnung sitzt Deutschland nicht zum ersten Mal auf. Zur Wahrheit gehört aber auch, dass die von Panik geschüttelten Wahlschafe das ungute Treiben auch noch mehrheitlich goutieren. Es gehören eben immer zwei dazu, wenn der Totalitarismus siegt: Skrupellose Mächtige hätten ohne die Masse der Gefolgsleute wenig Chancen.

Die politischen Repräsentanten, die sich empörten, argumentierten allerdings vornehmlich in eigener Sache. Ein „in Gesetz gegossenes Misstrauensvotum gegenüber Ländern und Kommunen", prangerte der Präsident des Deutschen Landkreistages, Reinhard Sager, an. Und tatsächlich hatte Angela Merkel zuletzt keinen Hehl mehr daraus gemacht, dass ihr der Föderalismus gewaltig auf die Nerven ging, weil er das Durchregieren so schwierig machte. Überhaupt schien eine Frau die bundesstaatliche Struktur nur schwer zu ertragen, die in einem System ausgebildet worden ist, das auf totalen Zentralismus und eine starke Blockbildung setzte. Dass zu diesem System Einschüchterung, Denunziation, Gleichschaltung und die Verfolgung Andersdenkender gehörten, sei dabei nur am Rande bemerkt.

Es weiß niemand besser, wie auf die Verhältnisse vor Ort zu reagieren ist, als die Zuständigen in den Kommunen. Insofern hatte der Präsident des Landkreistages die besseren Argumente auf seiner Seite. Es ist völlig unsinnig, einem dünn besiedelten Landkreis, in dem schon ein paar positiv Getestete die Inzidenz hochtreiben, die gleichen rigiden Maßnahmen zu verordnen wie einer Großstadt, in der es erheblicher Infektionszahlen bedarf, um denselben Inzidenzwert zu erreichen. Inzwischen ist aber auch Sager auf Linie: Ende 2021 forderte er vehement die rasche Einführung einer allgemeinen Impfpflicht gegen Corona. So ist das eben, wenn man politisch etwas zu verlieren hat – da wird die eigene Überzeugung vom Narrativ bestimmt.

Für die unpolitischen, unkritischen, staatsgläubigen Mitläufer wird es jedoch Zeit aufzuwachen. Es mehren sich die Fälle von Amtsträgern, die den Weg nicht mehr mitgehen wollen, seien es hochrangige Mitarbeiter im staatlichen Gesundheitswesen, Bürgermeister oder Landräte. Glauben Sie wirklich, dass all diese treuen Staatsdiener plötzlich zu Corona-Leugnern, Rechtspopulisten oder gar „Nazis" mutiert sind? Halten Sie es für wahrscheinlich, dass die Verantwortlichen an der kommunalen Front dümmer sind als das Bundeskabinett? Sind Sie tatsächlich der Meinung, dass die bis heute auf der Inzidenzwertbetrachtung basierende Corona-Politik auf einer wissenschaftlichen Grundlage beruht? Wachen Sie auf!

Wir werden Zeuge des Versuchs der herrschenden Politik, ihre Machtfülle immer weiter auszudehnen, indem sie die Axt an das Grundgesetz legt. Grundrechte sind Abwehrrechte gegen den Staat und keinesfalls in dessen Belieben gestellt. Wer dies anders sieht, bewegt sich außerhalb des demokratischen Spektrums. Es ist erschreckend, dass so viele Bürger, vor allem aber fast alle Bundestagsparteien den leichtfertigen Umgang mit unserer Verfassung unterstützen. Ganz bewusst haben die „Väter des Grundgesetzes" nach den Erfahrungen des „Dritten Reichs" in einer vorbildlichen Verfassungsschrift zu verhindern versucht, dass Grundrechte zur Disposition gestellt werden. Sie haben dabei darauf gesetzt, dass sich nie wieder eine Mehrheit dafür findet, die demokratische Grundordnung abzuschaffen. Hoffen wir, dass sie sich nicht getäuscht haben.

Die Corona-Gedenkfeier
Der Gipfel der Heuchelei und Agitation

Es war eine nach allen Regeln der Kunst inszenierte Propagandaaufführung. Ein Gottesdienst mit Sonntagsreden, wie man sie nur von der Berufspolitik mit ihren geschulten Worthülsenschwingern zu hören bekommt. Fünf Angehörige von Verstorbenen waren eingeladen, symbolisch für die Familien der „Corona-Toten". Alles war an diesem 18. April 2021 darauf ausgelegt, die durch das politische Herumdilettieren immer weiter verschärfte Krise in den Rang einer Kriegskatastrophe zu erheben. Kriege schaffen Helden. Und für eine Katastrophe können selten konkrete Schuldige ausgemacht werden. Die Symbolik der Berliner Gedächtniskirche hätte nicht kraftvoller sein können, und auch die beharrliche Verwendung des Hinterbliebenenbegriffs war kein Zufall, deutet er doch auf etwas Außergewöhnliches, etwas Gewaltiges, das passiert sein muss.

Das Narrativ postuliert, dass sich die Welt im Ausnahmezustand befindet, im heroischen Kampf gegen den größten Feind der letzten 100 Jahre. Die Bilder sind dabei absichtlich zu groß gewählt, die Maßnahmen völlig überzogen und ohne wissenschaftliches Fundament, die Sprache martialisch. Und so durften beim Berliner Gedenken an der Stätte, die als Mahnmal für Deutschlands tiefste Narbe steht, die Vertreter der fünf Verfassungsorgane nicht fehlen. Für die Propaganda kann nichts groß genug sein. Nur die Ehrenformation der Bundeswehr fehlte.

Man habe schmerzliche Entscheidungen treffen müssen, „um eine noch größere Katastrophe zu verhindern", flüchtete sich Bundespräsident Steinmeier in Schutzbehauptungen. Seine Ankündigung, irgendwann in der Zukunft würden die politischen Fehler und Versäumnisse aufgearbeitet, darf man getrost als leeres Versprechen werten. Das Staatsoberhaupt rief dazu auf, „noch einmal Kraft für den Weg nach vorn" zu sammeln. Seine Worte mögen Balsam für die „Corona-Hinterbliebenen" gewesen sein. Für die Familien, die Menschen auf andere Weise verloren haben, waren sie blanker Hohn. Die bislang offiziell an oder mit Corona Verstorbenen stellen nur einen Bruchteil der jährlichen Todesfälle dar. Angesichts des Corona-Gedenkens darf die Frage gestellt werden, warum nicht in separaten Großveranstaltungen auch der über 900.000 anderen Verstorbenen gedacht wird, die Jahr für Jahr zu beklagen sind.

Der Gedenktag war nicht mehr als plumpe Propaganda im Stile des früheren DDR-Regimes, denn es gibt einen Gedenktag, den Totensonntag, an dem im November eines jeden Jahres aller Verstorbenen gedacht wird. Die Opfer einer Corona-Infektion zu „Toten erster Klasse" zu erklären, an die der Staat ausdrücklich erinnert, ist angesichts des durchschaubaren Kalküls niederträchtig. Derlei kennt man aus totalitären Systemen, die Märtyrer erschaffen, um diese für Propagandazwecke auszuschlachten. Inzwischen wissen wir auch längst, dass ein erheblicher Teil der offiziellen „Corona-Toten" gar nicht am Virus verstorben ist. Und auch viele andere Zahlen erwiesen sich als falsch.

Unerwähnt ließ der Bundespräsident die ungezählten Opfer der Corona-Maßnahmen. Nur Weltfremde können bestreiten, dass deren Zahl die der Virusopfer um ein Vielfaches übersteigt. 30 Millionen zusätzliche Hungertote in den Entwicklungs- und Schwellenländern prognostiziert allein die Welthungerhilfe. Und auch in Deutschand sind die gesundheitlichen Kollateralschäden immens. Wer zählt die Krebstoten wegen ausgebliebener Früherkennung und verschobener Operationen, wer die Selbstmorde aus persönlicher und wirtschaftlicher Verzweiflung und wer die infolge der verordneten Vereinsamung Verkümmerten?

Sie zählen eben nicht in einer Panik-Pandemie, in der die Verantwortlichen hoffen, ungeschoren davon zu kommen, indem sie das Katastrophenszenario so weit in die Länge ziehen, bis die erschöpfte Bevölkerung keine Fragen mehr stellt, sondern nur noch froh ist, wenn alles vorbei ist. Die menschenverachtende Corona-Politik wäre leicht zu beenden, hätten mehr Bürger den Mut, sich nicht mehr von der politischen Kaste missbrauchen zu lassen. Doch dazu bedürfte es des Willens, sich zu informieren, statt an den Lippen der Staats-„Experten" zu hängen. Groß ist immer noch der Glaube an die guten Absichten der Verantwortlichen, die trotz der von ihnen festgestellten Notlage für eine Verknappung der Krankenhaus- und Intensivbettenkapazitäten gesorgt haben, um anschließend vor der Überlastung des Gesundheitssystems zu warnen. Es ist leicht, die Masse zu manipulieren. Dies ist eigentliche Botschaft, die von der Heuchelei in der Gedächtniskirche ausging.

#allesdichtmachen
Die Angst vor dem Applaus von der falschen Seite

Es war tatsächlich zu schön, um wahr zu sein. Für wenige Stunden keimte bei Millionen die Hoffnung auf, es gäbe ihnen endlich jemand eine Stimme, die gehört wird. Sage und schreibe 53 mehr oder weniger Prominente aus dem Kulturbereich hatten es gewagt, aus dem staatlichen Kollektiv auszubrechen. Zwar verpackten sie ihre Kritik zur Sicherheit in eine Satire, um sich den eigenen Fluchtweg nicht völlig zu verbauen, doch lösten die unter dem Hashtag *#allesdichtmachen* veröffentlichten Videobotschaften mit klaren Ansagen zum Irrsinn der Corona-Maßnahmen und der einseitigen Berichterstattung ein Beben aus.

Anfangs hatte das Medienkartell die Initiative noch totzuschweigen versucht, wie es schlechte Sitte ist, wenn unangenehme Themen „weggedrückt" werden sollen. Doch die enorme Resonanz ließ ihm am Ende keine andere Wahl, als zu berichten. Die polit-mediale Reaktion war dabei so vorhersehbar wie die Tatsache, dass ein Viertel der Aufmüpfigen umgehend zurückruderte. Es genügte der Vorwurf, hier hätten sich ein paar naive Künstler ins gesellschaftliche Abseits manövriert, weil sie um den Applaus von der „falschen Seite" hätten wissen müssen. Aus dem Funktionärsbereich des öffentlich-rechtlichen Rundfunks kam die Forderung, die Wortführer sollten nicht mehr im Fernsehen auftreten dürfen. Einige Irre fühlten sich durch die journalistische Hetze gar zu Morddrohungen animiert.

Anschließend blieben nicht mehr viele Künstler übrig, die noch den Mut hatten, sich zu ihrer Meinungsäußerung zu bekennen. An die Spitze der wackeren Aufrechten setzte sich der Regisseur Dietrich Brüggemann. Der Berliner, der unter anderem bei mehreren „Tatort"-Folgen Regie geführt hat, dürfte schon allein deswegen nicht im Verdacht stehen, rechte Gesinnungen bedienen zu wollen. Er hielt den Gegenwind aus und konterte die absurden Vorwürfe der polit-medialen Blase in einer Weise, die größten Respekt verdient. Nicht ganz so mutig war Jan Josef Liefers. Der bekannte Schauspieler weigerte sich aber immerhin, die ihm angedichtete Ketzerei vollends zu widerrufen.

Brüggemann hingegen las den Medienhyänen per Twitter die Leviten: „Ihr verhöhnt die Opfer. Ihr trampelt auf denen herum, die jetzt selbstmordgefährdet sind. Ihr spuckt auf all die, die ihre Existenz verloren haben. Ihr macht euch lustig über das Leid derer, die in ärmeren Schichten und ärmeren Ländern über die Klinge springen, die ihr ihnen hinhaltet. Ihr seid zynisch und menschenverachtend." So groß war Brüggemanns Wut, dass er elf Tweets benötigte. „Hat euch Tod und Sterben jemals interessiert? War es euch bisher egal, dass um euch herum jeden Tag Menschen aus vermeidbaren Gründen gestorben sind? Aber auf einmal gibt es für euch nur noch dieses Thema?", brachte er die Doppelmoral der „Vierten Gewalt" auf den Punkt, die sich zur „Fünfter Kolonne" der Regierenden gemacht hat. Das Gros der Leitmedien fungiert zunehmend als Regierungsorgan. Der öffentlich-rechtliche Rundfunk sowieso.

Die jahrelangen Hasstiraden des medialen Meinungskollektivs, die inzwischen in Gesetze gegossene Spaltung der Gesellschaft und das Verteufeln jeglicher Kritik am Kurs der Regierenden als rechte Hetze haben tiefe Spuren hinterlassen. Unsere Demokratie ist am Ende, wenn nur noch die Sorge vor dem Applaus der „Falschen" bestimmt, was sich zu sagen geziemt. Schon 1962 beschrieb der Schriftsteller und Dichter Hans Magnus Enzensberger das Problem: „Die Angst vor dem ‚Beifall von der falschen Seite' ist nicht nur überflüssig. Sie ist ein Charakteristikum totalitären Denkens", mahnte er in seiner Essay-Sammlung *Einzelheiten*.

Wir leben in einer Zeit, in der vermeintlich Wohlmeinende einen moralisierenden Totalitarismus errichtet haben. Gelten darf das Richtige nur dann, wenn es nicht von den „Falschen" gesagt oder beklatscht wird. Die Folge ist, dass eine Mehrheit lieber gar keine Meinung mehr vertritt, um nicht an den Pranger gestellt zu werden. 2020 hatte sich vor diesem Hintergrund eine Initiative formiert, die sich gegen die Verengung des öffentlichen Diskurses wandte. Der Weckruf „für freie Debattenräume" verhallte jedoch, obwohl namhafte Journalisten und Kabarettisten aller politischen Lager sich angeschlossen hatten. Die Attacken, denen sich die Allesdichtmachen-Akteure gegenüber sahen, entsprangen der Panik, Millionen von Bürgern könnten Mut fassen und den Corona-Irrweg nicht mehr mitgehen. Den Architekten des neuen deutschen Totalitarismus scheint jedes Mittel recht zu sein, um dies zu verhindern.

In Mathe nicht aufgepasst
Warum die Politik so erfolgreich mit Zahlenspielen ist

Die große Mehrheit der Bürger dieses Landes scheint mit Dreisatz und Prozentrechnung nicht viel anfangen zu können. Nur so ist es zu erklären, dass sich Umverteilungsfetischismus, Klimaradikalismus und Inzidenztotalitarismus ihren Weg bahnen können. Die Politik setzt bewusst auf absolute Zahlen, die höchst ungern ins Verhältnis zur Gesamtgröße gesetzt werden. Umgekehrt werden dort, wo es den gewünschten Narrativen dient, gewaltig erscheinende Prozentzahlen durch die Medien getrieben, die bei Lichte betrachtet lächerlichen Größenordnungen entsprechen und keiner Meldung wert sind.

Beispiele hierfür liefern die polit-mediale Darstellung des Anstiegs bestimmter politisch motivierter Straftaten, der Zuwachs staatlicher Investitionen in Bildung und Digitalisierung oder der angebliche Run auf Bio-Produkte, aber natürlich auch der Anstieg des Anteils erneuerbarer Energien an der Stromerzeugung. Hier werden jeweils auf Basis mickriger Ausgangswerte plakative Meldungen kreiert. Dabei dürfte bereits Schülern der Mittelstufe einleuchten, dass die „enormen" Zuwachsraten nur deshalb so groß erscheinen, weil aus sehr wenig etwas mehr geworden ist. Immerhin füllt sich ein Raum um sage und schreibe 100%, wenn zu einer Person eine weitere hinzutritt. Geht sie wieder, sind 50% der Anwesenden plötzlich verschwunden. Es ist aber auch vertrackt.

Neben dem „Großrechnen" gewünschter Zuwächse findet sich in der polit-medialen Szene ein Kennzahlen-Fetisch. Die Umwelt- und Klimagrenzwerte sind hierfür ein Beispiel. Willkürliche Größen dienen dazu, die Bürger eines Teils ihrer Freiheitsrechte zu berauben, sie zu enteignen und zu gängeln. Immerhin handelt es sich bei den Grenzwerten wenigstens um Verhältniszahlen, der wissenschaftliche Sinn der penibel genauen Festlegung erschließt sich aber deshalb noch lange nicht. Am Ärgsten ist es dort, wo mit absoluten Zahlen gearbeitet wird. Besonders drastisch erleben wir dies seit rund zwei Jahren. Galt anfangs der auf mysteriöse Weise errechnete „R-Wert" als Maß aller Dinge, stellte sich alsbald heraus, dass dieser nicht mehr zur Panikmache taugte. Die Inzidenz musste her – nicht die mathematische, aber so etwas Ähnliches – und mit ihr tägliche Horrorzahlen zu Infizierten und Verstorbenen.

Der Erfinder des „Corona-Inzidenzwerts" dürfte vom Politkollektiv irgendwann für den Nobelpreis vorgeschlagen werden. Die Glanzleistung, diesen so zu berechnen, dass er möglichst lange als Alarmsignal taugt, ist nur vergleichbar mit der Etablierung des Verschwörungstheoriebegriffs durch die CIA in den 1960er Jahren und der Erfindung der Drohkulisse des „Klassenfeindes" in den kommunistischen Regimen des 20 Jahrhunderts. Die „Inzidenz" ist absurdes Theater, schon wegen ihrer definitionsnegierenden Berechnung, die eben keine Inzidenz darstellt. Nicht weniger unanständig ist die Rechenakrobatik, die uns bei der Belegung der Intensivbetten zugemutet wird.

Lässt man beiseite, dass durch Fehlanreize ein tausendfacher Bettenabbau inmitten der angeblich tödlichsten Pandemie der Neuzeit begünstigt worden ist, geben selbst die absoluten Zahlen der mit oder wegen Corona eingelieferten Intensivpatienten erst dann Aufschluss, wenn ihr prozentualer Anteil sowie die Kapazitätsauslastung bekannt sind. Wo immer diese Zahlen medial kolportiert werden, wird der Eindruck erweckt, es sei dem Virus geschuldet, dass über 80% der Betten belegt sind. Tatsächlich ist diese Belegungsquote gar nicht ungewöhnlich. Im Gegenteil: Jeder Krankenhausmanager strebt derartige Auslastungen an, um seine Einrichtung kosteneffizient zu betreiben.

Ein besonders perfides Beispiel des Täuschens mit absoluten Zahlen haben wir bei der Berichterstattung über den Corona-Verlauf in Indien erlebt, als alarmiert wurde, es seien 3.700 Menschen an einem Tag verstorben. Dass in Indien bei offiziell 1,4 Milliarden Menschen das Verhältnis der „Corona-Toten" zur Bevölkerung dem in Deutschland entsprach, konnte aber nur verstehen, wer in Mathe aufgepasst hat. Auch bei der Übersterblichkeit muss man nur geringes mathematisches Verständnis mitbringen, um den Medien nicht auf den Leim zu gehen. Um demografische und statistische Effekte bereinigt, bewegten sich etwa die 986.000 Toten des Jahres 2020 im üblichen Rahmen. Es werden mehrere Nachkommastellen benötigt, um das durchschnittliche Corona-Risiko anzugeben. Gleiches gilt für den Effekt der sogenannten Klimaschutzmaßnahmen. Aber wen interessiert schon Prozentrechnung?

Wokeness & Cancel Culture
Die teuflischen Gotteskrieger der Sozialen Netzwerke

Es wäre zum Totlachen, wäre das Ganze nicht so extrem
ernst. Und so zerstörerisch. Die verrückte Cancel Culture,
die seit etlichen Jahren im angelsächsischen Raum wütet,
hat Deutschland voll erfasst. Eine Schneise der Verwüs-
tung hat sie durch die deutsche Hochschullandschaft geschlagen. Dort machte sie natürlich nicht Halt. In Behörden, Verbänden und Unternehmen muss inzwischen um
seinen Job bangen, wer ein falsches „Like" vergibt, einen
flotten Spruch loslässt oder einfach nur über den falschen
Witz kichert. Privates hat aufgehört privat zu sein. Jeder
muss ständig damit rechnen, den „Inoffiziellen Mitarbeitern" der Lösch- und Zensurkultur zum Opfer zu fallen.
Ein Denunziant, der die entsprechenden Konsequenzen in
die Wege leitet, findet sich immer.

Längst ist sie auch im Sport angekommen, die unersättli-
che Vernichtungsgier des bösartigen Mobs, in dessen sektenhaften Blasen man sich gegenseitig der eigenen moralischen Erhabenheit versichert und zur Strecke gebrachte
Meinungsabweichler sammelt wie einst die Indianer ihre
Skalps. Ein früherer Fußball-Nationaltorwart musste seinen Hut nehmen, weil er einem Ex-Kollegen eine private
Nachricht geschickt hatte, mit der dieser öffentliche Aufmerksamkeit suchte und die Journaille triggerte. Kurz darauf geriet der in der Opferrolle Badende dann selbst ins
Fadenkreuz, weil er ins verbale Fettnäpfchen getreten war.

Seinen Job im Sportfernsehen war er prompt los. Dazwischen hatte das Fußballergeplänkel den Weg in die Politik gefunden und Tübingens Oberbürgermeister gar ein Parteiausschlussverfahren eingebrockt. Die Welt ist verrückt geworden. Man kann über Geschmack streiten, auch über die Wortwahl oder das, was jemand für Humor hält. Wenn aber ein kaum noch zu bändigender Mob jedes Mal Köpfe rollen lässt, sobald sich jemand im Ton vergreift, fällt eine angeblich aufgeklärte Gesellschaft in die dunkelsten Tage des Mittelalters zurück – Hexenverbrennung inklusive. Der Vergleich passt auch insofern, als die vermeintlichen Hexen damals beweisen sollten, keine Hexen zu sein, was naturgemäß ein unmögliches Unterfangen darstellte.

Womit wir bei einem weiteren Phänomen unserer Zeit wären: Eine Gesellschaft, in der die Beweislast zunehmend umgekehrt wird, verabschiedet sich immer weiter von den Prinzipien des modernen Rechtsstaats. Es reicht jedweder konstruierte Vorwurf der „Richtigen", um in der Falle zu sitzen. Wo es keine Hetzjagden gibt, ist es eben schwierig, deren Abwesenheit zu beweisen, wenn allein das Wort derer gilt, die sie gesehen haben wollen, ohne Belege für ihre Behauptung liefern zu müssen. A propos Hetzjagden: Die gibt es zuhauf. Nur eben nicht so, wie irgendwelche von Zecken Gebissenen sie gerne darstellen. Gehetzt wird jeder, der sich der „Wokeness", einer neuzeitlichen Kreuzung aus Religion und Maoismus, nicht unterwerfen will. Wer nicht gendert, kriegt Punktabzug, wer der Satire zu wenig Linksdrall gibt, keine Fernsehauftritte mehr.

Und wer um die falschen Toten trauert, ist seinen Posten im Tor der Eishockey-Nationalmannschaft los, wie Thomas Greiss, der via Instagram anlässlich eines verstorbenen prominenten Trump-Anhängers kondolierte. Es klingt alles so absurd, so aus der Zeit gefallen. Die selbsterklärten „Progressiven" sind in Wahrheit rückständige Scharfrichter, die sich der barbarischen Sitten früherer Jahrhunderte bedienen. Hoffnung macht, dass dort, wo die Political Correctness seit zwei Jahrzehnten wütet, inzwischen der Widerstand wächst. Ähnlich dem Erwachen der islamfreundlichsten Länder Europas, die so lange weggeschaut und bagatellisiert hatten, wachen auch im englischsprachigen Raum mehr und mehr Verantwortliche auf.

An die Spitze im Kampf gegen die Cancel Culture hat sich Großbritanniens Regierung gesetzt. Sie kann sich dabei auf die Unterstützung prominenter Vertreter der oppositionellen Labour Party verlassen, die sich viel zu lange vor den Karren einer zerstörerischen Identitätspolitik hat spannen lassen. Auch Deutschland sollte im Umgang mit der Cancel Culture-Sekte schnell dazulernen. Es ist eine lautstarke Minderheit, die ihren erbitterten Twitter-Krieg gegen Eigenständigkeit, Freiheit und Vernunft führt. Jeder Einzelne von uns hat es in der Hand, deren gesellschaftsfeindlichem Treiben ein Ende zu setzen. Machen wir den um sich selbst kreisenden Predigern des Lösch- und Zensurkults klar, dass sie nicht mehr sind als bemitleidenswerte Ewiggestrige, die niemals in der Demokratie angekommen sind.

Neues Klimahoroskop
2090 gibt´s weniger zu essen – oder auch nicht

Es war eine dieser Meldungen, die wir mittlerweile nur
noch beiläufig zur Kenntnis nehmen, weil sie ständig auf
uns niederprasseln. Unser Unterbewusstsein befiehlt uns,
sie zu ignorieren, um geistig gesund zu bleiben. „Klimawandel zerstört Agrar-Nutzflächen", titelte da ein großer
Nachrichtensender. „Ein Drittel bis 2090 ungeeignet", so
die düstere Prognose, wobei eine vor Konjunktiven wim-
melnde Prophezeiung als vermeintliche Tatsache präsentiert wurde. Sicher ist natürlich nichts, das wissen Forscher
wie Journalisten, schon gar nicht, wenn man fast siebzig
Jahre in die Zukunft schaut. Der Schlagzeile lag eine Studie zugrunde, die den Redaktionen als willkommener Anlass diente, den Klimaalarmismus zu befeuern, der unter
Corona arg gelitten hatte.

Die Botschaft lautete: Milliarden von Menschen verhungern, wenn wir nicht radikal handeln. Diesmal kamen die
apokalyptischen Reiter aus der Schweiz und aus Finnland.
Es handelte sich dabei um eine bisher nicht durch nobel-
preisverdächtiges Tun aufgefallene Gruppe von Mitarbeitern nachrangiger Universitäten, was der ihnen gewidme-
ten Aufmerksamkeit jedoch keinen Abbruch tat. Wer im
Schreckenswettbewerb rund ums Klima am meisten bietet, darf auf die Bühne, erst recht, wenn er sich auf ein
wissenschaftliches Modell beruft, das allerdings niemand
zu überprüfen fordert.

Anders ergeht es jenen, die in ihren Modellen zu weitaus weniger dramatischen Ergebnissen kommen. Sie müssen haarklein nachweisen, mit was sie ihre „Black Box" gefüttert haben. Meist lässt man sie aber gar nicht erst zu Wort kommen. So gibt es zwangsläufig nur eine einzige „Wahrheit", die nicht mehr hinterfragt werden darf. Nicht nur in Klimafragen ist das so. Corona zeigt uns seit rund zwei Jahren, dass dies auch für die Virologie gilt. Wir erleben das Gegenteil von Wissenschaft. Eine ergebnisoffene Debatte findet nicht mehr statt. Journalisten, Politiker und vermeintliche Experten arbeiten Hand in Hand.

Wir spüren, dass es uns nicht gut tut, uns ständig mit den Kassandrarufen der Endzeitsekten zu beschäftigen, deren Horrorvisionen untaugliche Modelle zugrunde liegen, die nur deswegen Katastrophenszenarien liefern, weil sie mit den negativsten aller möglichen Variablen gespeist werden. Und doch können wir uns den Untergangsprognosen nicht entziehen, obwohl diese über die Seriosität von Horoskopen kaum hinauskommen. Wir müssen mit ansehen, wie ein regelrechter Gesundheits- und Ökototalitarismus anstelle der Demokratie installiert wird. Machtlos stehen wir Politikern gegenüber, die zwar keine Ahnung haben, wie sie den aktuellen gesellschaftlichen Herausforderungen begegnen sollen, aber ganz genau wissen, dass der Weltuntergang bevorsteht, wenn wir in Deutschland weiterhin Obst und Gemüse in kleinen Plastikbeuteln aus dem Supermarkt tragen oder im Jahr 2030 immer noch Elektroautos verschmähen.

Blenden wir zurück: 1972 schockte der „Club of Rome" die Welt mit der Vorhersage, dass bereits 1998 der Förderhöhepunkt für die weltweite Ölproduktion erreicht sei und der Menschheit danach rasch das Öl ausgehen werde. Als man sich dem Datum näherte und feststellte, dass immer neue Ölvorkommen erschlossen wurden, verschoben die Weltuntergangspropheten den „Peak Oil" auf 2005. Als auch dies nicht eintraf, prophezeiten sie ihn für 2010 – und lagen abermals falsch. Heute wissen wir, dass der „Club of Rome" niemals ein brauchbares Modell hatte. Er steht stellvertretend für seine Nachahmer vom IPCC, die seit 1988 versuchen, die Klimakatastrophe herbeizureden.

Die Modelle taugen einfach nicht dazu, die Realität künftiger Generationen im Detail vorherzusagen. Viel zu komplex ist unsere Welt, zu unvorhersehbar die Zukunft. Und auch der Mensch hat sich immer wieder angepasst. Es ist vermessen zu glauben, wir könnten das Klima „steuern". Vielmehr müsste sich die Erkenntnis durchsetzen, dass es umgekehrt ist. Je eher, umso besser. Das mögliche Verschwinden eines Teils der Agrarflächen sollten wir nicht ignorieren. Ignorieren sollten wir aber auch nicht, dass die Erzeugung immer weiter optimiert wird und neue Anbauflächen entstehen. Wer über die Risiken einer sich allmählich wieder erwärmenden Erde spricht, ohne auch die Chancen aufzuzeigen, die sich daraus ergeben, degradiert sich selbst vom ernstzunehmenden Wissenschaftler zum zweifelhaften Agitator. Daran ändert auch der Segen des Bundesverfassungsgerichts für die Klimaideologie nichts.

„I don´t feel hate“
Ganz Europa hasst Deutschlands Volkserziehung

Etwas Besonderes war der Eurovision Song Contest 2021, wie der altehrwürdige Grand Prix Eurovision de la Chanson seit 20 Jahren heißt. So mancher, der dem jährlichen Stelldichein der mehr oder weniger talentierten Namenlosen normalerweise gar nichts abgewinnen kann, war diesmal neugierig. Erstmals seit langer Zeit konnte im Fernsehen wieder eine Veranstaltung mit Tausenden von Zuschauern bestaunt werden, noch dazu in einer Halle. Ein bisschen fühlte es sich an wie früher und doch irgendwie skurril. Nach einem Jahr voller Lockdowns und Kontaktbeschränkungen mag sich mancher dabei ertappt haben, mit dem Hauch von Rückkehr zur Normalität zu fremdeln.

Um den Corona-Schein zu wahren, verkaufte die niederländische Regierung das Treiben als „wissenschaftliche Studie“. Niemand wurde müde, die strengen Sicherheitsauflagen und die perfekte gesundheitliche Überwachung zu loben. Dem Zuschauer konnten derlei Flötentöne egal sein – endlich durften sich 3.500 Menschen wieder in einer Halle versammeln, ohne Maske, ohne Abstand, aber natürlich wohlfeil getestet. Andernorts hatte man tatsächlich Studien durchgeführt, etwa in Großbritannien, wo in einer Reihe von Stadion- und Hallenevents 58.000 „Probanden“ mitwirkten. Dabei fielen ganze 15 Corona-Tests positiv aus – inklusive der vorab genommenen Proben, die Interessierte von der Mitwirkung ausschlossen.

Tatsächlich lag die Qualität der Darbietungen diesmal auf einem erstaunlich guten Niveau. Offenbar hat vielen Akteuren die Corona-Zwangspause des Jahres 2020 gut getan. Vor allem Italien, das nach über dreißig Jahren endlich wieder einmal gewinnen konnte, und Frankreich, das sogar seit 1977 auf einen Sieg wartet und sich nur knapp geschlagen geben musste. Ähnliches hätte man sich aus deutscher Sicht auch gewünscht. Doch der Abend verlief so, wie ihn alle vorausgesagt hatten, die etwas von Musik verstehen. Viele hatten die regierungsamtliche Botschaft des deutschen Liedchens bemängelt und befürchtet, sogar Europas ESC-Fans könnten der germanischen Zeigefingerattitude überdrüssig sein. Sie sollten recht behalten.

Vernichtend waren die Kommentare am Tag danach. Im Zentrum des Spotts stand neben der spätpubertären Darbietung eines Musical-Sternchens die aufdringliche Anti-Hass-Parole, die sich um der Gutmenschen liebstes Thema drehte. „I don´t feel hate", trällerte Hupfdohle Jendrik – und Europa hasste es. Text und Melodie hatte der 26-jährige Hamburger selbst kreiert. Die moralinsaure Semesterarbeit hätte sicher manch aufmunterndes Kopfnicken an Hamburgs Musikschulen geerntet, doch Europas Zuschauer waren sich einig. Germany: Zero Points. Nur die Jurys aus Rumänien und Österreich verhinderten, dass Deutschland auf dem letzten Platz landete. Den wies Europa den Briten zu, die zwar in der Tat den schwächsten Song präsentierten, ihre Null-Punkte-Nummer aber wohl eher der kollektiven Abstrafung für den Brexit verdankten.

Es ist bezeichnend, das sich nicht einmal die ultra-„woke"
ESC-Community für das politisch korrekte Vorschulbil-
dungsprogramm aus Deutschland erwärmen konnte. Weder dem LGBT-Publikum vor den TV-Geräten schmeck-
te der fingerdick aufgetragene Anti-Hass-Aufstrich, noch
den auf den Kampf gegen Rassismus und Diskriminie-
rung eingeschworenen Jury-Mitgliedern. Auf diese Karte
hatte der für das deutsche Liedchen verantwortliche NDR
gesetzt und erlebte eine selbst für die leidgeprüften Flop-
Beauftragten bemerkenswerte Pleite. Die öffentlich-rechtlichen Belehrungsweltmeister reagierten, wie sie immer
reagieren: Alles richtig gemacht, Schuld sind die anderen.

Dauermoderator Peter Urban hatte das Fiasko mit einem
genervten Seitenhieb auf die Bürger des Kontinents kommentiert, denen er recht unverhohlen unterstellte, zu doof
zu sein, die Message zu begreifen. Trotzig lobte der NDR
seinen Schützling und dessen „wichtige Botschaft". Ein
„perfekter Auftritt" sei es gewesen. Dass man in Europa
vielerorts wenig Neigung verspürt, Deutschland dabei zu
folgen, Meinungsfreiheit zur Hetze zu erklären, kommt
der Moral- und Haltungspolizei des deutschen Medien-
gewerbes nicht in den Sinn. Demnächst wird Deutschland
dann sicher ein Klimakatastrophenlied präsentieren, denn
Europa muss erzogen werden. Und das können wir Deutsche ja bekanntlich ganz besonders gut, auch wenn wir
manchmal dafür die Unterstützung Österreichs brauchen.
Deren Jury hatte uns zwei unserer insgesamt drei Punkte
gegeben. Das ist immerhin ein Anfang.

Straftäter statt Aktivisten
Das Problem des fehlenden Unrechtsbewusstseins

Es gibt keinen Zweifel daran, dass der *Schneeferner* auf der Zugspitze einer der am schnellsten abschmelzenden Gletscher ist. Bestreiten wird auch niemand, dass die Erde seit 4,6 Milliarden Jahren ständig Klimaänderungen erlebt, die sich, gemessen am unvorstellbaren Alter unseres Planeten, teilweise rasant vollziehen. Strittig ist allerdings, welche Faktoren hauptverantwortlich dafür sind. Mit riesigem finanziellen und ideologischen Aufwand ist es einer billionenschweren Industrie gelungen, dem Menschen die Hauptschuld zuzuschieben und dieses Narrativ zu verankern. Sektenhaft auftretende Organisationen haben unsere Spezies zum größten Feind der Umwelt erklärt.

Über die Besetzung aller wichtigen Schaltstellen, zu denen nicht zuletzt die Medien gehören, haben sie die Politik in Geiselhaft genommen. Wer das hohe Lied vom menschengemachten Klimawandel nicht mitsingt, ist weg vom Fenster. Dafür sorgen „Nichtregierungsorganisationen", deren Ziel darin besteht, ihre Klimareligion allen anderen aufzuzwingen. Doch nicht nur die Politik leidet am Stockholm-Syndrom, das sie zu Verbündeten ihrer Peiniger macht. Jeder, der irgendein Amt zu verlieren hat, seine Pfründe in Gefahr sieht oder einfach Angst vor dem eigenen Reputationsverlust verspürt, unterwirft sich. Die Sekten sind erbarmungslos und schrecken weder vor Diebstahl, noch vor Landfriedensbruch oder Sachbeschädigung zurück.

Opfer krimineller NGO-Aktivitäten wurde auch der VW-Konzern. Ihm wurden vom firmeneigenen Verladegelände in Emden die Autoschlüssel aller dort abgestellten Fahrzeuge geklaut. Die geschätzt bis zu 1.200 Schlüssel fanden danach auf der Zugspitze ein neues Zuhause. Die Garmischer Polizei wertete das Treiben von etwa zehn Greenpeace-Tätern als unerlaubte Versammlung, die gegen die damals geltenden Corona-Regeln verstoßen habe. In Emden ermittelte man hingegen wegen Hausfriedensbruchs sowie schweren Diebstahls. VW verzichtete allerdings auf eine Strafanzeige und wohl auch auf die Beitreibung der entstandenen Kosten. Der Emdener Polizei zufolge lag der Sachschaden im sechsstelligen Bereich.

Peinlich war, wie sich VW-Chef Herbert Diess per Twitter bei den Straftätern anbiederte: „Gerne Zugspitze, heute schaffe ich aber nicht mehr – möchte nicht den Flieger nutzen. Demnächst bei gutem Wetter?", erwiderte er auf die Erpressung der Täter, er könne die Schlüssel auf der Zugspitze abholen, wenn er sich dort einer „Diskussion" stelle. Dass sich Deutschlands größter Autokonzern den Rechtsbrechern nicht nur unterwarf, sondern den Straftaten auch noch einen würdigen Rahmen zu geben bemüht war, dürfte einen Tiefpunkt im speichelleckenden Gehorsam der vermeintlichen Wirtschaftselite vor den klimapolitischen Kreuzrittern markiert haben. Der seit Jahren von den Henkern des Umweltregimes gehetzte Konzern hätte den Fall als Befreiungsschlag nutzen können. Ob man mit Unterwürfigkeit bei potentiellen Käufern punkten kann?

Greenpeace sah sich anschließend jeder Menge Kritik aus den eigenen Reihen ausgesetzt. Selbst jenen, die den vielen Rattenfängern der Umwelt- und Klimabewegung bereitwillig auf den Leim gehen, sind derlei kriminelle Aktionen zu viel des Schlechten. Unmut machte sich in den sozialen Netzwerken breit, wo aber auch erschreckend viele Sympathisanten meinten, der Zweck heilige die Mittel. Zahlreiche Kommentatoren ließen ihrer Empörung jedoch freien Lauf. „Ihr unterstützt also ganz offen und unverhohlen Kriminalität? Gut zu wissen", hieß es dort. Ein anderer Nutzer stellte klar: „Es heißt ‚Straftäter', nicht ‚Aktivisten'. Was glauben Sie, wer Sie sind, sich einfach so über die Gesetze zu stellen?" Wieder ein anderer resümierte lakonisch: „Was ihr da macht, ist und bleibt kriminell."

Dass es den selbsterklärten Rettern der Welt an jeglichem Unrechtsbewusstsein mangelt, erkannte nicht nur WELT-Chefredakteur Ulf Poschardt. „Es wird Zeit, dass sich der Rechtsstaat positioniert", forderte er. Deren Mutterschiff besaß übrigens nicht einmal den Anstand, die strafbaren Handlungen zu verurteilen. Zu kriminellen Aktivitäten zu schweigen, wie die Grünen dies taten, weil man die Täter als Verbündete braucht, sagt viel über das Rechtsstaatsverständnis der Partei. Wer grün wählt, gibt damit auch den Straftätern von Greenpeace seine Stimme. VW kann von mir aus kuschen, das muss der Konzern seinen Aktionären und Kunden erklären, die letztlich die Rechnung bezahlen. Eines ist für mich aber völlig klar: Ein Fahrzeug von Volkswagen kommt mir nie wieder ins Haus.

Notstand ohne Notlage
Vom Regieren ohne Parlament und Grundgesetz

Als der Bundestag im Frühjahr 2021 das zwei Jahrzehnte
zuvor zu ganz anderen Zwecken geschaffene Infektionsschutzgesetz änderte, schwante vielen Beobachtern nichts
Gutes. Einige Verschärfungen später sind die schlimmsten
Befürchtungen bestätigt worden: Die Regierenden haben
Gefallen am Notstand gefunden. Dabei ist es grotesk, dass
es zwar aus guten Gründen einer Zweidrittelmehrheit bedarf, um Grundgesetzänderungen zu beschließen, aber nur
der einfachen Parlamentsmehrheit, um mittels Infektionsschutzgesetz tiefgreifende Grundrechtseingriffe zu legitimieren.

Dass sich diese Einschränkungen ausgerechnet auf jene
Artikel des Grundgesetzes beziehen, die Ewigkeitscharakter besitzen, macht deutlich, wie weitgehend sich die Regierenden bereits unserer Demokratie bemächtigt haben.
Das Infektionsschutzgesetz ist bewusst so gefasst, dass es
keiner wissenschaftlichen Fakten bedarf, um sich an den
verfassungsmäßig verbrieften Rechten der Bürger zu ver-
gehen. Es reicht bereits die pure Behauptung, dass „eine
dynamische Ausbreitung einer bedrohlichen übertragba-
ren Krankheit über mehrere Länder in der Bundesrepub-
lik Deutschland droht oder stattfindet". Derlei muss das
RKI, das dem Bundesgesundheitsminister untersteht und
ebenso gut von einem Zimmermann geleitet werden könnte wie von einem Tierarzt, lediglich feststellen.

Theoretisch könnte die Weltgesundheitsorganisation morgen den Pandemiezustand für beendet erklären, ohne dass dies Konsequenzen für den deutschen „Notstand" hätte. Fünfmal hatte die Weltbehörde für Gesundheitspolitik übrigens vor Corona vom schärfsten Schwert Gebrauch gemacht – und fünfmal handelte es sich um einen Fehlalarm. Die Politik findet derweil immer neue Gründe, die „Notlage" zu befeuern. Nach Südafrika, Brasilien und Großbritannien musste sich Indien mit einer Mutation in Verbindung bringen lassen. Dort verbat man sich allerdings die Unverfrorenheit der Stigmatisierung durch dieselben polit-medialen Moralisten, die sich noch kurz zuvor auf Donald Trump gestürzt hatten, weil dieser vom „chinesischen Virus" sprach.

Wie auch beim aktuellen Kassenschlager „Omikron" war schon bei der in Indien entdeckten Delta-Variante zu erkennen, dass mit der höheren Infektiosität keine höhere Hospitalisierungs- oder Sterberate verknüpft war. In dem Land, das als Rechtfertigung für den erneuten Panikmodus herhalten musste, fielen die Zahlen der Neuinfektionen so schnell, wie sie gestiegen waren, ebenso die der an oder mit Corona Verstorbenen. Nach einer kurzen Phase verschärfter Maßnahmen ging man im Riesenstaat schon wieder zu Lockerungen über. Seither gibt es aus Indien in Sachen Corona nichts Bemerkenswertes mehr zu berichten. Höchstens, dass die Omikron-Variante dort wie überall kaum Schaden anrichtet. Das kümmert die Hardliner hier und anderswo natürlich herzlich wenig.

Schon bastelt man an neuen Schimären, denen man das griechische Alphabet aufzwingen kann. Sich vereinigende Mutationen hatten es bis in die Nachrichten geschafft. Doppelvarianten sind ja auch die logische Steigerung des Wahnsinns, nachdem die letzten singulären Erregermutationen nicht halten konnten, was man sich von ihnen versprochen hatte. Das musste niemanden überraschen, denn es gibt keine Grundlage mehr für Panik. Viren mutieren, um leichter einen Wirt zu finden. Der schnelle Tod ihres Wirtes nutzt ihnen bei der Verbreitung nichts. Zusammen mit der Immunität von Millionen immer neuer Genesener wird die Lage also zunehmend ungefährlicher.

Die Bundesregierung ist dennoch fest entschlossen, auch weiterhin einen drohenden Notstand zu unterstellen, und sei er auch nur das Resultat der eigenen Politik. Dass es nämlich mancherorts Sorgen um die Krankenhauskapazitäten gab, lag nicht zuletzt an irren Quarantäneregeln, die das Personal aus dem Spiel nahmen. Ein anderer Grund dürfte die Tatsache sein, dass die repressiven Regeln ansonsten immer schwieriger zu begründen wären. Die Pandemie müsste in Deutschland folglich, wie in einigen anderen Ländern bereits geschehen, für beendet erklärt werden. Das will natürlich niemand in den Elfenbeintürmen der Koalition. Und daher wird auch schon die nächste Not vorbereitet: Sie ahnen es, es wird der Klimanotstand sein, der uns nach Corona neue Beschränkungen beschert. Das Regieren ohne Parlament und Grundgesetz macht einfach zu viel Spaß, um es wieder aufzugeben.

Achtung, Kamera!
Das absurde Corona-Theater von Cornwall

Was die vermeintliche politische Elite im Juni 2021 anlässlich des „G7"-Gipfels in Cornwall aufführte, spottete jeder Beschreibung. Die Politriege hält uns tatsächlich für bekloppt, was man ihr eigentlich nicht mal übel nehmen kann, weil die meisten von uns anscheinend wirklich nicht ganz bei Trost sind. Wie sonst ist es zu erklären, dass wir uns von einer politischen Kaste drangsalieren lassen, die uns alle möglichen Entbehrungen zumutet, aber nicht viel davon hält, sich den verordneten Beschränkungen selbst zu unterwerfen? Sie lachen uns ins Gesicht und führen ihr absurdes Theater immer schamloser auf. Wer es bemerkt, wird hierzulande nach rechts abgedrängt. Damit ist er raus.

Das verlogene Spiel ist allerdings nicht neu. In Deutschland hören wir seit Jahrzehnten, dass wir den Gürtel enger schnallen sollen oder unser Verhalten ändern müssen. Es geht doch um die Zukunft. Andererseits sollen wir uns unsere Art zu leben nicht nehmen lassen, wenn die Herbeigerufenen uns diese mit Nachdruck austreiben wollen. Wir sollen sie weiter mit offenen Armen empfangen, gute Gastgeber sein, bunt und weltoffen. Seit Corona sollen wir noch viel mehr, während die politische Kaste dort, wo sie sich unbeobachtet wähnt, einmal mehr ihre eigenen Regeln lebt. Wandlitz ist überall, seit die DDR aufgehört hat zu existieren. Anders als damals, ist es aber kein geheimer Ort mehr, der nur Eingeweihten bekannt wäre.

In Cornwall gaben sich die Vertreter von sieben der zehn führenden Industrienationen ein Stelldichein. Der Auflauf war nicht nur optisch ein perfekter Familienausflug. Bei freundlichem Wetter – durchaus keine Selbstverständlichkeit für die südenglische Küste – verlebten die mit ihrer jeweiligen besseren Hälfte angereisten Staats- und Regierungschefs ein launiges Wochenende. Wir Bürger müssten derlei „Gipfel" nicht weiter ernst nehmen, wäre da nicht das Bewusstsein, dass diese immer wieder aufs Neue die Grundlage dafür schaffen, uns zu gängeln, zu enteignen und unfreier zu machen. Weil das so ist, darf die Europäische Union in der Runde nicht fehlen, die zwar kein eigener Staat ist, aber als Aufpasser mit am Tisch sitzt. Seit die Briten draußen sind, nehmen nur noch Deutschland, Italien und Frankreich aus der EU am „G7"-Treffen teil. Das europäische Drehbuch ist längst nicht mehr originell: Frankreich diktiert, Italien nickt, Deutschland zahlt. Und die Briten lachen.

Diesmal hatte der sogenannte Gipfel aber doch seine bemerkenswerten Szenen. Es war ein eigenwillig komisches Stück, das Gastgeber Boris Johnson aufführen ließ. Durchchoreografiert bis ins Detail, ging es vor allem darum, die „richtigen" Bilder in die Welt zu senden. Und die waren perfekt inszeniert, jedenfalls die offiziellen, von der Aufstellung der Staats- und Regierungschefs auf einem Podium, das an den Transporter im „Raumschiff Enterprise" erinnerte, bis zum Auftritt der Königsfamilie, alles brav mit Maske, Abstand und ungelenkem Ellbogengruß.

Doch es waren nicht die Hochglanzbilder, die sich vielen aufmerksamen Beobachtern ins Gedächtnis eingebrannt haben, sondern jene verschämten Schnappschüsse, die gar nicht für die Öffentlichkeit gedacht waren. Bilder der Ausgelassenheit, des gegenseitigen Herzens und Umarmens, vom eng vertrauten Plausch und geselligen Runden. Was alle Bilder gemeinsam hatten? Die Protagonisten scherten sich einen Teufel um Abstand und Masken. Sie schüttelten Hände und legten freundschaftlich den Arm umeinander. Alles war beinahe wie früher, ungezwungen und unbefangen – doch mit einem Schönheitsfehler: Uns gestatten sie es nicht.

Angeblich rafft es uns dahin, zumindest aber unsere arme 117-jährige Großmutter, wenn wir auch nur einen Augenblick lang vergessen, was man uns militärisch eingetrichtert hat, Panikwelle nach Panikwelle. Die, die uns das seit März 2020 verordnen, wissen, wie sinnfrei das Ganze ist, jedenfalls im Freien. Und deshalb interessiert es sie auch selbst nicht, siehe Cornwall. Dumm nur, dass sich kaum noch etwas verbergen lässt, weil immer irgendwo jemand da ist, der es hört, sieht oder fotografiert. Und dann gibt's da ja dieses Internet, das alles rasend schnell überall hin transportiert. Da sind sie dann, die Bilder der Rasselbande am viel zu kleinen Tisch, ohne Maske und Mindestabstand, fast zu eng aufeinander, um bequem sitzen zu können. Sie kommen aus dem Lachen nicht mehr raus, die an oder mit Corona Regierenden. Und sie lachen über uns. Weil wir so blöd sind, uns vorführen zu lassen.

Muslimischer Antisemitismus
Was bringt das Verbot der Hamas-Flagge?

Viel zu lange hatte die Politik dabei zugesehen, wie sich der muslimische Hass auf Israel und die Juden hierzulande immer aggressiver ausbreitete. Am Ende konnte sie die Augen vor der Realität aber nicht mehr verschließen. Es gibt eben keine friedliche Koexistenz mit dem Hass. Seit im Frühjahr 2021 Muslime auf Deutschlands Straßen zu Zehntausenden ihren Judenhass hinausgeschrien und Israelfahnen angezündet hatten, war der Druck, zu handeln, stetig gewachsen. In Deutschland hatte der Antisemitismus bis weit ins vergangene Jahrzehnt hinein keine große Rolle mehr gespielt, wenngleich es sie schon immer gibt, die Juden hassenden Wirrköpfe.

Wo sie auftauchen, bemühen sich Politik und Medien, sie im rechten Lager unterzubringen, obwohl es doch immer wieder erklärte Linke sind, die gegen Israel hetzen und dazu auffordern, „nicht beim Juden" zu kaufen. Die politische Lüge vom mehrheitlich rechtsextremen Antisemitismus wurde so oft erzählt, dass inzwischen kaum noch jemand Einspruch erhebt. Ihr folgte nach 2015 die nächste Antisemitismus-Lüge. Der Judenhass war neu entflammt, heftiger als je zuvor. Und wieder wollte das polit-mediale Kartell die Gründe nicht benennen, schwurbelte lieber im Ungefähren und beschwor die „Gefahr von rechts". Am Ende ist die Politik an den Fakten gescheitert. Sie kann die Realität nicht mehr leugnen.

Im September 2021 beschloss der Bundestag, dass Propagandamittel von Organisationen, die auf der Terrorliste der EU stehen, nicht mehr öffentlich zur Schau gestellt werden dürfen. Damit steht auch das Zeigen der grün-weißen Flagge der palästinensischen Terrororganisation Hamas unter Strafe. Sie ist das sichtbarste Symbol anti-israelischer Aufmärsche. Der Schritt sollte nicht ohne Folgen für die Polizeiliche Kriminalstatistik bleiben: Ist es bislang nahezu ausschließlich Rechtsextremen vorbehalten, mit Propagandadelikten Eingang in die Statistik der politisch motivierten Straftaten zu finden, werden nun auch die strafbaren Handlungen radikaler Muslime deutlicher sichtbar – vorausgesetzt, sie werden ebenso akribisch erfasst, wie das bisher für den rechten Extremismus galt.

Allerdings wird es wohl auch weiterhin so sein, dass generell als Rechtsextremer geführt wird, wer Judenfeindliches an Hauswände schmiert. Und dass es nach wie vor nicht verboten ist, Symbole gewaltverherrlichender kommunistischer Massenmörder zu zeigen, sorgt auch künftig für eine verzerrte Statistik. Die Erweiterung des §86a des Strafgesetzbuches kann unterdessen nur ein erster Schritt auf dem Weg sein, den Hass radikaler Muslime auf Andersgläubige nicht nur statistisch adäquat zu erfassen, sondern auch zu ahnden. Islamkenner wie Constantin Schreiber dokumentieren seit Jahren, dass sich – toleriert von der Politik – vielerorts Parallelgesellschaften etabliert haben, die sich nicht mit der von ihnen gewünschten Auslöschung Israels zufriedengeben werden.

Dem linken Lager fehlt es dabei zuweilen an der Bereitschaft, sich in der gebotenen Schärfe vom radikalen Islam abzugrenzen. An der kritischen Distanz zum Islam fehlt es aber nicht nur dort. Erst allmählich wachen die politisch Verantwortlichen in Europa aus ihren multikulturellen Tagträumen auf. Dem liegt allerdings weniger die Erkenntnis zugrunde, dass die eigene Politik gescheitert ist, sondern der Druck der Wähler, die um ihren Wohlstand und ihre Sicherheit fürchten. Dänemarks sozialdemokratische Regierung gehört zu den jüngsten Verfechtern von Maßnahmen zur Unterbindung der Landnahme durch Einwanderer, die ein bis zur Unkenntlichkeit entstelltes Asylrecht nutzen und dabei nicht nur ein besseres Leben anstreben, sondern auch die Dominanz ihrer Religion.

Sie haben wenig Verständnis für die Idee der Aufklärung, dass es einen Unterschied zwischen Religion und Staatsform geben muss. Mit den „westlichen Werten" können sie nur insofern etwas anfangen, als sie sich von diesen einen persönlichen Vorteil versprechen, von den Segnungen der sexuellen Freizügigkeit bis zur Verfügbarkeit modernster Unterhaltungselektronik. Dass sie ihren über Generationen überlieferten Hass auf Israel und die Juden in Deutschland bald nicht mehr ganz so ungeniert ausleben können wie bisher, wird für Unmut sorgen. Wie die Politik auf diesen vorhersehbaren Konflikt reagiert, wird definieren, welchen Weg unsere Gesellschaft einschlägt. Der Lackmustest des vordergründig verschärften Umgangs mit dem radikalen Islam steht also erst noch bevor.

Generation „Schneeflöckchen"
Die unterschätzte Gefahr für die Demokratie

Immer häufiger stelle ich in Gesprächen mit jungen Menschen fest, wie schlimm es um die Generation der seit der Jahrtausendwende Geborenen steht. Dies mag ein subjektiver, nicht repräsentativer Eindruck sein, weil der Kreis der Teenager, mit denen ich mich austausche, insgesamt recht überschaubar ist. Doch auch Psychologen schlagen zunehmend Alarm. Und das nicht erst seit Corona. Es ist eine Alterskohorte von jungen Menschen voller irrationaler Zukunftsängste herangewachsen.

Natürlich war auch für frühere Generationen das Erarbeiten eines eigenverantwortlichen Lebens eine Herausforderung. Wer von uns sehnt sich nach der Zeit zurück, in der wir uns missverstanden fühlten und mit uns selbst oft nicht im Reinen waren? Später brachten uns die ungeklärten Fragen zum Start ins Berufsleben um den Schlaf. Viele von uns erinnern sich mit gemischten Gefühlen an die plötzlich erworbene Freiheit, die im Umkehrschluss viele neue Entscheidungen erforderte, bei denen wir manches Lehrgeld bezahlten. Das sind völlig normale Sorgen beim Übergang ins Leben als Erwachsener. Unsere Alltagsprobleme gingen aber viel weiter. Wir waren mit dem „Kalten Krieg" konfrontiert, einer realen Bedrohung. Der Wald drohte zu sterben und das Öl auszugehen. Sogar ein Kernkraftwerk explodierte. Doch die allermeisten von uns haben die Zeit der Unsicherheit und Bedrohung gemeistert.

Wir blieben neugierig auf die Zukunft und voller Taten-
drang, obwohl das Panikorchester nach Kräften blies und
trommelte. Wir hatten eine Jugend und wir hatten Kredit.
Man nahm uns nicht immer für voll, aber das war auch in
Ordnung. Und heute? Kind sein ist out. Schon die ganz
Jungen sollen nichts verpassen. So wollen es viele Eltern,
so will es aber auch die Industrie, die Teenager längst als
die wichtigste werberelevante Zielgruppe identifiziert hat.
Der Freizeitstress durch das Überangebot an Möglichkeiten und überfürsorgliche Helikoptereltern führt schon bei
Zwölfjährigen zu Symptomen, die dem in Mode gekom-
menen „Burn Out" ähneln. Netflix, Instagram und Co. tun
ihr Übriges dazu, dass junge Menschen kaum mehr zur
Ruhe kommen. Zu viel ist eben zu viel, gerade für Heran-
wachsende ohne die Fähigkeit, Prioritäten zu setzen.

Als wäre all das nicht schlimm genug, sehen sich die Tee-
nies unserer Zeit zudem einer ununterbrochenen Beschallung mit Hiobsbotschaften ausgesetzt. Im Kita-Alter geht
es zunächst einmal darum, sämtliche Kanten abzuschlei-
fen. Stromlinienförmiges Funktionieren ist angesagt. Eine
Armee von Erzieherinnen und Lehrern soll sicherstellen,
dass bis zum Verlassen der Grundschule weltverbessern-
de Bravschafe herangebildet worden sind, denen das gewünschte Wertesystem eingebläut werden kann. Grund-
voraussetzung hierfür ist das Austreiben jedweder Kritik-
fähigkeit. Zu diesem Zweck werden Zweifel sanktioniert,
ebenso die fehlende Bereitschaft, sich an Toleranzprojek-
ten, Klimarettungen und Genderübungen zu beteiligen.

Uniforme Zeitgeistsoldaten strömen an die Universitäten, wo sie ihr Repertoire perfektionieren, um die links-grüne Heilslehre von Deutschland aus in die Welt zu tragen. Die jahrelange Konditionierung mit dem Stilmittel der Angst führt bei so manchem Indoktrinationsabsolventen jedoch zu ernsten psychischen Krisen. Heutige 20-Jährige sind davon überzeugt, der Klimawandel sei die größte Bedrohung der Menschheitsgeschichte, und halten es für demokratiegefährdend, grüne Dogmen zu hinterfragen. Ihre Sorgen drehen sich darum, bald in einer überhitzten Steppe ohne Trinkwasser zu leben, während das Abschmelzen der Polkappen immer mehr Küstenstädte verschlingt.

Sie sehen sich durch abweichende Weltanschauungen bedroht und merken nicht, dass vermeintlich demokratisch Regierende ihnen mehr Freiheiten nehmen als jeder Generation zuvor. Mir tun sie unheimlich leid, diese jungen Menschen. Sie entfalten aber auch ein gefährliches Potenzial, weil ihnen Lobbyisten und Politiker eine Machtfülle geben, deren Verantwortung sie nicht gerecht werden. Sie lassen sich vor den Karren gemeinwohlschädlicher Organisationen spannen und dienen neuzeitlichen Sekten als willfährige Marionetten. Dabei leiden sie selbst am meisten unter der arglistigen Panikmache, für die sie benutzt werden, weil ihnen Resilienz und Robustheit fehlen. Ich mache mir Sorgen um die Zukunft. Nicht wegen des Klimawandels oder wegen Corona, sondern wegen einer Generation, die Moral für Recht, Emotionen für Argumente und Fakten für rechtspopulistisches Störfeuer hält.

Verköstigte Verfassungsrichter
Berlin liegt auf einmal mitten in Weißrussland

Der Aufschrei blieb aus. Erst Tage später berichteten erste Medien, und eher zurückhaltend war der Ton selbst jener Journalisten, die sich empörten. Der öffentlich-rechtliche Rundfunk hatte schon gar kein Interesse daran, dem Vorgang besondere Bedeutung beizumessen. Was sich an jenem 30. Juni 2021 im Kanzleramt zutrug, war indes nicht weniger als Angela Merkels endgültiger Sieg über die Gewaltenteilung. Sie hatte auf ihrem unbeirrten Weg dorthin nicht nur die Spitzen von Verfassungsgericht und Verfassungsschutz in ihrem Sinne besetzt, sondern auch immer wieder zur Schau gestellt, wie sehr ihr das Parlament bei wichtigen Entscheidungen im Weg war.

Merkel fremdelte mit den Organen, auf denen unsere Demokratie fußt, daraus konnte sie nie einen Hehl machen. Dass sie die obersten deutschen Richter zu sich ins Kanzleramt lud, obwohl diese nur wenig später über eine Klage gegen die Kanzlerin höchst selbst entscheiden sollten, war an Unverfrorenheit kaum zu überbieten. Es ging um Merkels Äußerungen nach der Landtagswahl in Thüringen im Februar 2020, als sie öffentlich forderte, die demokratische Wahl des Ministerpräsidenten rückgängig zu machen, weil der Gewählte mit den Stimmen der AfD ins Amt gekommen war. Dem betroffenen Thomas Kemmerich blieb damals nichts anderes übrig, als sich dem enormen Druck zu beugen und wieder zurückzutreten.

Wer angesichts eines schwebenden Verfahrens gegen sich genau jene Richter zum Abendessen zu sich bittet, die in Kürze ein Urteil fällen sollen, handelt zumindest instinktlos. Dass die Richter der Einladung folgten, lässt auch sie in einem unguten Licht erscheinen. Es drängte sich der Verdacht auf, dass die Einladung mehr war als eine Geste der Höflichkeit. So sehr die Betroffenen das Gegenteil beteuerten, scheint es schwer vorstellbar, dass sich die Tischgespräche bei bestem Wein und allerlei Gaumenschmaus lediglich um den verregneten Sommer und die Köstlichkeiten der Mecklenburgischen Küche drehten.

Natürlich wurde allenthalben beschwichtigt, es sei an besagtem Abend nicht über das Verfahren gesprochen worden. Ob das stimmt, sei dahingestellt. Es spielt auch keine Rolle, denn das Vertrauen der Bürger in die Unabhängigkeit der Gerichtsbarkeit hat schon durch den Anschein Schaden genommen. Zugleich wurden Kritiker bestärkt, die eine Schieflage der Demokratie bemängeln, seit sich die Parlamentarier parteiübergreifend gegen die auf der Klägerseite befindliche AfD zusammengeschlossen haben. Merkel störte derlei nie. Je weniger Menschen sich an der Demokratie beteiligten, desto zufriedener schien sie. Das Prinzip der „asymmetrischen Demobilisierung" hat sie geradezu perfektioniert. Nun leben wir in der Zeit nach Angela Merkel – und die Folgen ihrer zerstörerischen Politik offenbaren sich mit voller Wucht. Ihre Nachfolger scheinen zu keiner Korrektur bereit. Der jahrelange Demokratieabbau hat eben tiefe Spuren hinterlassen.

Derweil beschäftigt sich der Zweite Senat des Bundesverfassungsgericht immer noch mit der Frage, ob die Kanzlerin mit ihrer Intervention Recht gebrochen hat, als sie die ordnungsgemäß erfolgte parlamentarische Wahl eines Ministerpräsidenten für „unverzeihlich“ erklärte und forderte, diese schnellstmöglich rückgängig zu machen. Im Kern geht darum, ob sich Merkel als Kanzlerin oder als Privatperson geäußert hat. Doch wie soll man den Menschen Merkel von der Amtsinhaberin Merkel trennen? Ein Urteil war übrigens auch Anfang 2022 noch nicht gesprochen. So nimmt man Skandalen die Aufmerksamkeit...

Dem Betrachter drängt sich auf, dass sich eine Kanzlerin niemals nur privat äußert, wenn sie in politische Prozesse eingreift. Das Verfassungsgericht wird es vielleicht ebenso sehen, aber es wird keinerlei Konsequenzen mehr haben. Was bleibt, ist das bittere Gefühl der Ohnmacht angesichts des atemberaubenden Tempos, mit dem die Merkelschen Fliehkräfte die Demokratie zerreißen. Als Bürger fühlt man sich von Regierenden verhöhnt, die Länder wie Polen und Ungarn fast täglich an den Pranger stellen. Die Szenerie rund um das Abendessen bei der Kanzlerin erinnerte allerdings noch ein bisschen mehr an Weißrussland, mit dessen politisch korrekter Umbenennung in „Belarus“ der öffentlich-rechtliche Rundfunk derart beschäftigt war, dass er keine Zeit fand, den Angriff auf die Gewaltenteilung und die Beschädigung der Glaubwürdigkeit von Verfassungsorganen zu thematisieren, die mit Angela Merkels Herrschaft für immer untrennbar verbunden sein werden.

Klimastreik statt Katastrophenhilfe
Die Fratze der Wohlstandsverwahrlosung

Stellen Sie sich vor, in einer Hochhaussiedlung kommt es zu einem verheerenden Einsturz zahlreicher Wohnblocks. Unzählige Menschen verlieren alles. Den Einsatzkräften bietet sich ein Bild des Grauens. Die Zahl der Todesopfer klettert schnell in den dreistelligen Bereich. Hunderte werden Tage später noch vermisst. Verzweifelte Angehörige graben teils mit bloßen Händen im tiefen Krater, den der Einsturz hinterlassen hat, doch für die Vermissten gibt es kaum noch Hoffnung. Der Grund für die Katastrophe ist rasch ausgemacht: Der Boden hat nachgegeben.

Rechtzeitig hatten aufmerksame Beobachter vor drohendem Unheil gewarnt, weil sie an mehreren Stellen Absenkungen gesichtet hatten. Die Behörden hatten dies ignoriert und keinen Anlass gesehen, die Bewohner zu informieren. Nicht nur deswegen kam das Desaster keinesfalls aus heiterem Himmel. Jahrzehnte zuvor war es zu einem ähnlichen Unglück an gleicher Stelle gekommen. Dennoch entschied die verantwortliche Politik, eine neue Siedlung errichten zu lassen, diesmal mit noch größeren, noch höheren Wohngebäuden. Doch das interessiert plötzlich niemanden mehr. Stattdessen werden Stimmen laut, die das Absinken des Untergrunds dem menschengemachten Klimawandel zuschreiben. Wegen eines aus dem Gleichgewicht geratenen Grundwasserspiegels sei der Boden hier wie überall im Land instabil geworden.

In den darauffolgenden Tagen mehren sich die Forderungen nach radikalen Maßnahmen, um Unglücke wie diese künftig zu verhindern. Doch nicht die Errichtung effektiverer Frühwarnsysteme, der Verzicht auf die Bebauung statisch zweifelhafter Flächen oder etwa ein Konzept zur Vermeidung zusätzlicher Risikofaktoren durch Eingriffe in die Bodenbeschaffenheit werden diskutiert, sondern die Frage, wie durch strengere CO_2-Verordnungen, weniger Individualmobilität und höhere Steuern, das Klima „gerettet" werden könne. Die Katastrophe müsse dem Letzten klar gemacht haben, dass unser Klima auf der Kippe stehe, heißt es. Zwar sind die Apologeten der Verschärfungen nicht in der Lage, Belege für ihre These des Klimawandels als Ursache für den Einsturz zu liefern, doch schon die Behauptung eines Zusammenhangs genügt, um Millionen von Menschen hinter sich zu versammeln.

Szenenwechsel. Sie haben längst erkannt, worum es geht. Natürlich würde niemand, der bei Verstand ist, die wirkliche Ursache für die Katastrophe negieren, wenn die Gefahr bereits seit Jahrzehnten bekannt war. Aber genau das geschah in den Hochwassergebieten, in denen viele Menschen ihr Leben verloren haben. Die Katastrophe nach der „Jahrhundertflut" war den speziellen örtlichen Gegebenheiten geschuldet, der dichten Bebauung ehemaliger Auen, der Begradigung von Flüssen und der Versiegelung großer Flächen. Der Deutsche Wetterdienst stellte fest, dass ungünstigste Umstände und nicht der Klimawandel Ursache der Flutkatastrophe gewesen seien.

Dabei soll keinesfalls unter den Tisch fallen, was auch die Wetterexperten konstatieren: Wetterextreme haben zugenommen. Dies ist tatsächlich Folge des Klimawandels, der sich seit Jahrmillionen auf unserem Planeten vollzieht. Er führt abwechselnd zu sehr langen Eiszeiten und weitaus kürzeren Warmphasen. Dabei tun die Gehilfen der Klimawandelindustrie so, als sei bewiesen, dass die Erwärmung seit der letzten kleinen Eiszeit weitgehend vom Menschen verursacht worden sei. Selbst die vielen Tausend Seiten der Berichte des alles andere als unparteiischen IPCC lassen allerdings keinen derartigen Schluss zu. Es wäre auch töricht zu behaupten, es gäbe eine einfache Kausalität. Zu komplex sind die Prozesse, viel zu jung ist vor allem die Klimaforschung.

Die Apokalyptiker schlachten das Leid der Menschen dennoch gierig für ihre kruden Theorien aus. Der Mythos vom anthropogenen Klimawandel ist die menschenverachtende Erzählung eines Kultes, für den die Opferzahl niemals groß genug sein kann. Es sind dieselben Empörten, die anderen vorwerfen, Ereignisse zu instrumentalisieren, bei denen die kausalen Zusammenhänge so klar auf der Hand liegen, dass sie selbst mit den ungelenken Verrenkungen der Realitätsverweigerer nicht zu negieren sind. Von den angeblichen Klimarettern konnten die Menschen in den Flutgebieten übrigens keinerlei Hilfe erwarten. Die leben mit zynischen Klimastreiks und dummdreistem Krisengehüpfe lieber die infantilen Reflexe einer wohlstandsverwahrlosten Sekte aus.

Linke Legenden
Erinnerungen an Fergus Falls und Chemnitz

Nach einigen Tagen ohne Nachrichtenkonsum ist es stets besonders schmerzhaft, in den Agitprop-Alltag des polit-medialen Kartells zurückzukehren, weil der Körper nach der medialen Entgiftung ausgesprochen heftig auf die Beschallung mit Halbwahrheiten und Lügen reagiert. So erging es mir auch nach der verheerenden Flut. Längst hatten die Ökofaschisten das Narrativ geprägt, Tausende seien Opfer des Klimawandels geworden. So oft und so penetrant wurde die Lüge wiederholt, dass es schon an ein Wunder gegrenzt hätte, wenn auch die seriösen Wortmeldungen bei den Bürgern auf Gehör gestoßen wären.

Angeführt vom Deutschen Wetterdienst stemmten sich sogar einige wackere Journalisten der Leitmedien gegen den Missbrauch der Opfer, doch die Zahl der Lügner war einfach zu groß. Und das „Wahrheitskartell" legte umgehend nach: Rechtsextreme hätten sich in die Flutgebiete aufgemacht, um scheinbar zu helfen. Angeblich nutzten sie die Not der Betroffenen aus, um ihrer Ideologie ein freundliches Gesicht zu geben und sie salonfähig zu machen. Das muss man sich mal vorstellen: Da hatten die angeblichen Guten nichts Besseres zu tun, als das Leid Tausender für ihre totalitäre Klimadoktrin auszunutzen und anschließend zu fordern, sich lieber gar nicht helfen zu lassen als von den „Falschen". Geht es noch bösartiger? Es ist geradezu abscheulich.

Kaum hatten die ersten Erzählungen verfangen, setzte es eine weitere: Nun hatten „Rechte" angeblich die Hilfskräfte des THW beschimpft und angegriffen. Die Polizei widersprach zunächst, um am Tag danach kryptisch mitzuteilen, sie habe nunmehr „diese Bestätigung erhalten" – das sattsam bekannte Zurückrudern. Zuvor hatte man sich allerdings ziemlich verwundert über die Darstellung des Technischen Hilfswerks gezeigt, „Rechte" hätten sich unter die Betroffenen gemischt, um Stimmung gegen die staatlichen Helfer zu machen. Gierig hatten alle Leitmedien die Geschichte dennoch wiedergekäut. Niemand weit und breit, der sich die Mühe der Recherche gemacht hätte. Wieso auch? Die Story war einfach zu gut, um sie sich durch die Wahrheit kaputtmachen zu lassen. Relotius ließ grüßen. Chemnitz auch.

Doch woher kam die „Bestätigung? Und wer hat die vermeintlichen „Rechten" auf welche Weise identifiziert? Ein fader Nachgeschmack blieb, und das ungute Gefühl, dass irgendetwas faul war. Weit verzweigt ist das linke Netzwerk, in dem sich selbst vermeintlich unpolitische Organisationen an der Etablierung einseitiger Narrative beteiligen, unterstützt von der medialen Front agitierender Politaktivisten. Die ehemaligen DDR-Bürger kennen das. Was die Querdenker betrifft, kann man übrigens nicht oft genug darauf hinweisen, dass es sich um eine von Linken gegründete Bewegung handelt, die als rechtes Feindbild etwa so viel taugt wie Angela Merkel als Vorbild für eine demokratische Regierungschefin.

Aber wen interessiert das schon? Realität ist für die Mehrheit das, was die Nachfolger der „Aktuellen Kamera" vermelden. A propos: Immerhin wusste in der DDR bald jeder, welch erbärmliche Lügen die Polittrompeten von den Mattscheiben in die Wohnzimmer bliesen. Von so viel Erkenntnis sind wir im „besten Deutschland, das es je gab" jedoch meilenweit entfernt. Hörig hängen die unverbesserlichen Staatsgläubigen an den schmalen Lippen der Slomkas und Miosgas. Auch fast alle Privatsender haben sich eingereiht in das Heer der Staatspropagandisten, angeführt von RTL und ntv, was angesichts der Zugehörigkeit zum Bertelsmann-Konzern wenig verwundert.

Was die Flutkatastrophe angeht, zog das Kartell am Ende alle Register: Nicht nur vor der tätigen Mithilfe „Rechter" bei den Aufräumarbeiten wurde gewarnt, sondern auch davor, von diesen Spenden anzunehmen. Menschenverachtender kann eine Ideologie nicht sein. Man kennt dies aus Diktaturen, die ihr Volk eher verhungern lassen, als Hilfe vom „Feind" anzunehmen. Unerwähnt bleiben soll keineswegs, dass man sich nicht schämte, die Opfer der Flut zu verhöhnen: Während die staatliche Hilfe zunächst schleppend anlief, machten Jubelmeldungen die Runde, es hätten sich umgehend Corona-Impfmobile in die zerstörten Regionen aufgemacht. Wie tief ist eine politische Kaste gesunken, die nicht einmal nach einer Jahrhundertkatastrophe von ihrer Impfpropaganda lassen will? Keine Lust hatte die besorgte Politik übrigens, sich mit der Herkunft von Plünderern zu beschäftigen. Aber davon ein andermal…

Keine Freiheit durch die Impfung
Das böse Erwachen aus einem Tagtraum

Gehören Sie zu denen, die sich gegen SARS-CoV-2 haben impfen lassen? Ich respektiere Ihre Entscheidung. Ebenso akzeptiere ich, wenn sich jemand gegen die Impfung entscheidet. Wer dies angesichts der Fakten anders sieht, wer also Menschen dazu zwingen will, sich einem Impfzwang zu unterwerfen, bewegt sich nahe am Totalitarismus. Tatsächlich stellt eine Corona-Infektion eine reale Gefahr für jene dar, die gesundheitlich vorbelastet sind oder sich im fortgeschrittenen Alter mit einem anfälligen Immunsystem plagen. Die Spritze kann zumindest für kurze Zeit schwere Verläufe verhindern. In dieser Gruppe mag die Abwägung von Risiko und Nutzen daher für das Impfen sprechen. Bei allen anderen ist der Sinn nicht zu erkennen.

Mal Hand aufs Herz: Haben nicht auch Sie sich impfen lassen, um verlorene Freiheiten zurückzubekommen? Hat nicht so wirklich geklappt, oder? Es gibt allerdings auch eine sendungsbewusste Schar Geimpfter, die sich entweder einreden oder gar davon überzeugt sind, ihre Impfung schütze andere. Ich habe die Erfahrung gemacht, dass diese Menschen argumentativ am schwierigsten zu erreichen sind. Sie halten sich für Altruisten, die in Deutschland seit 2015 wie Pilze aus dem Boden schießen. Sie werden von polit-medialen Groupies als Helden gefeiert, weil Medien und Politik Gutmenschen so dringend für ihre Agenda benötigen, wie der Elektromotor das Kohlekraftwerk.

Die Skepsis hat inzwischen zugenommen. Auch viele bisherige Befürworter verlieren das Vertrauen in die Impfstoffe. Vor allem erleben die Menschen, dass die Politik ihre Versprechen auch weiterhin nicht einzulösen bereit ist: Impfen bedeutet eben nicht Freiheit. Außerdem wird immer offensichtlicher, dass die Zahl der Impfschäden beachtlich ist. Und dennoch wollen die Verantwortlichen die mehrfache Durchimpfung der Bevölkerung mit aller Gewalt durchsetzen. Als Impfverweigerer werden die nicht Geimpften tituliert, die auch künftig eine Corona-Impfung für sich ausschließen. Wer gegen die Impfpflicht auf die Straße geht, gilt gar als Staatsfeind. Das ist eine gefährliche Verschiebung der Maßstäbe. Will man all diese Menschen fortlaufend mit Wort und Tat diskriminieren? Wir reden immerhin von Millionen von Bürgern.

Für den allergrößten Teil der Menschen ist eine Impfung unnötig. Für Kinder ist sie Medizinern zufolge gar kontraindiziert. Der Begriff des Impfverweigerers suggeriert bewusst eine Pflicht, derer sich jemand zu entziehen versucht – das klassische Framing der heiß gelaufenen Propagandamaschinen. Doch außer in einer Handvoll exotischer Länder gibt es nirgendwo auf der Welt eine grundsätzliche Pflicht zur Corona-Impfung, nicht einmal in den bösartigsten Diktaturen. Da sollte Deutschland mit seiner Geschichte besser nicht dem verfassungsrechtlich höchst bedenklichen Beispiel Österreichs folgen. In der Alpenrepublik waren nach dem Abgang von Sebastian Kurz alle Dämme gebrochen. Die Hardliner übernahmen das Ruder.

Seit der Bundestagswahl hat die Politik ihren Kurs deutlich verschärft. Ungeimpfte werden im Alltag benachteiligt, um sie „zur Freiwilligkeit" zu zwingen. Hier und da haben Gerichte Zugangsbeschränkungen immerhin wieder aufgehoben, mehr aber auch nicht. Die Verstöße gegen das Grundgesetz können noch so eindeutig sein – es ist zu befürchten, dass die Politik über den Rechtsstaat siegen wird. Das ist die niederschmetternde Aussicht für die Zukunft, in der sich auch weiterhin so ziemlich jede düstere Prognose bewahrheiten dürfte, die zuvor empört ins Reich der Verschwörungstheorien verwiesen worden war.

„Impfen macht frei", schrieb sarkastisch ein Internetnutzer in den Sozialen Netzwerken und sah sich anschließend wegen Volksverhetzung mit der Strafverfolgung konfrontiert. Man muss aber gar nicht das dunkelste Kapitel der deutschen Geschichte aufschlagen, um zu erkennen, dass nichts uns Bürger wieder richtig frei machen wird. Corona ist die Eintrittspforte in eine andere Welt, in der sieben Jahrzehnte Freiheit in Europa und anderswo unwiederbringlich der Vergangenheit angehören werden, wenn wir uns weiter von Medien und Politik spalten lassen. Sollten sich nicht langsam diejenigen, die bisher Kritiker verteufelt haben, dankbar mit diesen solidarisieren? Sollten die Verteidiger unserer verfassungsmäßig verbrieften Grundrechte nicht die eigentlichen Helden unserer Gesellschaft sein? Sollten wir unseren Kindern nicht eine lebenswertere Welt hinterlassen als einen Gesundheits-, Klima- und Ökoabsolutismus? Ich meine: Ja, das sollten wir!

Die Gier der Macht
Karlsruhe eilt dem Staatsfunk zur Hilfe

Am Ende kam sie also, die Erhöhung des „Rundfunkbeitrags". Um dies vorherzusagen, musste man kein Prophet sein. Wer sich auf das bis dato geltende Einstimmigkeitsprinzip verlassen oder auf das Bundesverfassungsgericht gehofft hatte, musste sich eines Besseren belehren lassen. Harbarth & Co. haben zugunsten der herrschenden Politik und gegen die Bürger entschieden. Wieder einmal. Grotesk mutete die Begründung des Verfassungsgerichts an: Jedes Risiko einer Einflussnahme auf Programmauftrag und Programmgestaltung durch Staat und Parteien müsse ausgeschlossen bleiben, so die Karlsruher Richter.

Als Zwangsfinanzierer fühlt man sich verspottet. Mit eben dieser Begründung müsste die Beitragserhebung für weite Teile des Programms der öffentlich-rechtlichen Anstalten auf der Stelle untersagt werden. Es trieft auf den rund 100 Fernseh-, Radio- und Internetkanälen von ARD, ZDF und Deutschlandradio nämlich geradezu vor Staatspropaganda und Parteienagitation. Wer die Einflussnahme tatsächlich unterbinden wollte, müsste den Hebel zu allererst bei der Besetzung der Rundfunk- und Fernsehräte ansetzen, in denen die Parteien und ihre mehr oder weniger gut getarnten Helfer tonangebend sind. Die Richter um den immer umstrittener agierenden Harbarth wollten hingegen angeblich verhindern, dass der öffentlich-rechtliche Rundfunk zum Spielball des Koalitionsgeschachers wird.

Hintergrund war eine vor der Landtagswahl in Sachsen-Anhalt vom damaligen CDU-Vorsitzenden und Innenminister Holger Stahlknecht durchgesetzte Gegenstimme, mit der die CDU-geführte Landesregierung die geplante Beitragserhöhung zunächst verhindert hatte. Nun haben die Richter Neuland betreten und neue Regeln geschaffen. Es ist die völlige Abkehr vom Einstimmigkeitsprinzip – mit weitreichenden Folgen. Wer so einseitig Stellung bezieht und nur dort Verfassungswidrigkeit sieht, wo jemand dem polit-medialen Apparat in die Quere kommt, erweckt den Verdacht, sich vom Hüter der Verfassung zum Kollaborateur der Regierenden zu machen. Dass die herrschende Politik ein Interesse an immer höheren Einnahmen ihrer Sprachrohre hat, kann sicher niemand bezweifeln.

Es ist überdies ein schlechter Witz, dass Harbarth und seine Kollegen verlautbarten, der öffentlich-rechtliche Rundfunk sei Garant dafür, in Zeiten von Fake News und Filterblasen „Fakten und Meinungen auseinanderzuhalten und die Wirklichkeit nicht verzerrt darzustellen". Wer auch nur einen Tag lang zu einer beliebigen Uhrzeit für eine halbe Stunde einschaltet, stellt fest, dass die größte Filterblase der Republik in den Sendezentralen liegt, in denen realitätsleugnende Wokies, Aktivisten und Hassprediger das Programm bestimmen. Mit skrupelloser Kaltschnäuzigkeit machen sie Halbwahrheiten, Verzerrungen und Lügen zur öffentlichen Meinung, weil sie mit 8,5 Mrd. Euro steuerfreier Zuflüsse aus dem Vollen schöpfen können. Reichweite und Durchdringung sind alles im Agitprop-Geschäft.

Gebraucht wird ein erheblicher Teil der Einnahmen allerdings nicht fürs Programm, sondern für die Personalkosten. Fünfstellige monatliche Pensionszahlungen an ehemalige Führungskräfte sind dabei keine Seltenheit. Schon im Sendebetrieb verschlingen die Gehälter Milliardenbeträge. Die Kommission zur Ermittlung des Finanzbedarfs hat errechnet, dass mit 16,6 Mrd. Euro zwischen 2021 und 2024 gerade einmal 43% der Erträge in den Programmaufwand fließen. Im gleichen Zeitraum werden 12,4 Mrd. Euro für Personalkosten und Altersvorsorge fällig. Dies alles ist vor dem Hintergrund immer weiter steigender Werbeeinnahmen zu sehen, die über eine halbe Milliarde Euro zusätzlich pro Jahr in die Kassen spülen.

Dass der zur „Demokratieabgabe" erklärte Rundfunkbeitrag seit 2009 nicht erhöht und zwischenzeitlich gar geringfügig gesenkt worden war, erscheint angesichts der kräftig sprudelnden Werbeerlöse als Argument völlig untauglich, zumal das Beitragsaufkommen durch die 2013 erfolgte Umstellung von der Gerätegebühr auf eine Haushaltsabgabe fortlaufend gestiegen ist. Der Landesregierung Sachsen-Anhalts wurde zum Verhängnis, dass sie ihr Veto mit der Forderung nach einer Zusammenlegung von Sendern und einer Reduzierung der Programme verknüpfte. Diese Argumentation bot dem Ersten Senat des Bundesverfassungsgerichts das nötige Schlupfloch. Zurück bleibt das Gefühl der Ohnmacht und der Wut über einen Staat, der sich in atemberaubendem Tempo auf allen Ebenen in eine Richtung bewegt, die nichts Gutes verheißt.

Freiheitsindex 2021
Zwei Drittel der Deutschen fühlen sich nicht frei

Fühlen Sie sich frei? Ich sage Ihnen, was mir ein Gefühl der Freiheit gibt: Es ist die Garantie, sich artikulieren zu können, ohne offene oder versteckte Repressalien zu erleiden. Es ist die Unbefangenheit, mit der ich mich mehr als vierzig Jahre lang im Alltag bewegt habe. Es ist die Gewissheit, dass Regeln und Gesetze für alle gleich gelten und ich keiner staatlichen Willkür ausgesetzt bin. Und mehr noch: Die Freiheit, Verantwortung für mich selbst übernehmen zu dürfen, Risiken eingehen und aus Fehlern lernen zu können. Es ist das Gefühl der Unabhängigkeit von Lehrmeistern und Erziehungsbeauftragten. Freiheit ist die Möglichkeit, mein Leben nach meinen Vorstellungen zu gestalten, solange ich dabei niemanden in ungebührlicher Weise in dessen Freiheit einschränke.

Ernüchtert stelle ich heute fest, dass ich mich nicht mehr frei fühle. Der Verlust der Freiheit kam allerdings nicht über Nacht. Schleichend hat sich eine Gesellschaft, die ich noch vor einem Jahrzehnt als eine der freiesten bezeichnet hätte, in ihr Gegenteil verkehrt. Immer heftiger attackieren die selbsterklärten Guten das Gemeinwohl. Sie haben ein Netz aus Bevormundung, Ausgrenzung und Diffamierung ausgeworfen. Das Resultat ist der Verlust der Freiheit für die Mehrheit zugunsten einer Minderheit, die ihre eigene Freiheit als Herrschaft über andere definiert, weil sie für sich das Recht der moralischen Erhabenheit reklamiert.

Wie es so weit kommen konnte, habe ich immer wieder beschrieben. Ich habe früh gewarnt, als viele Menschen meine Besorgnis noch gar nicht recht verstanden. Daher bin ich nicht überrascht über die Entwicklung, allein deren Dynamik macht mich fassungslos. Dass ich allerdings nicht allein bin mit meinem Empfinden, in einem immer unfreieren Land zu leben, unterstreicht der vom *Institut für Demoskopie Allensbach* jährlich ermittelte „Freiheitsindex für Deutschland". Die Zahlen des Jahres 2021 sind wahrlich erschreckend. Gerade noch 36% der Deutschen fühlen sich frei. Dies ist ein Ergebnis, das den Regierenden und ihren Helfern so gar nicht ins Konzept passen dürfte. Ein Volk der gefühlten Unfreien macht sich nicht gut für die Propaganda.

Der Allensbacher „Freiheitsindex 2021" ist ein Paukenschlag, der nur zum Teil mit den Corona-Repressalien zu erklären ist. Noch im Jahr 2017, bei der vorangegangenen Erhebung, fühlte sich eine knappe Mehrheit von immerhin 51% der Befragten frei. Nichts könnte den Verfall unserer freiheitlichen Ordnung und die Errichtung totalitärer Strukturen durch gemeinwohlferne Berufspolitiker und gesellschaftsschädliche Strippenzieher eindrucksvoller dokumentieren als ein solch dramatischer Verlust des Freiheitsgefühls bei derart vielen Bürgern. Untermauert werden die Studienergebnisse von einer Umfrage, in der eine Mehrheit der Bürger schon 2019 angab, aus Sorge vor gesellschaftlicher Ächtung ihre Meinung zumindest öffentlich nicht mehr frei zu äußern.

Wer angesichts dieser Befunde allen Ernstes jene in die rechtspopulistische Ecke stellt, die den verbliebenen Rest an Freiheit verteidigen, muss sich die Frage gefallen lassen, ob es Ignoranz, Dummheit oder schlicht die Lust am Autoritären ist, die ihn antreibt. Nie zuvor fühlten sich weniger Bürger frei, nie zuvor gaben so viele Menschen an, sich aus Angst vor Nachteilen und aus Sorge vor Ausgrenzung am politischen Diskurs nicht mehr zu beteiligen. Warum aber folgt dann trotzdem eine Mehrheit genau jenen Rattenfängern, die sie erst in die missliche Lage gebracht haben? Wieso erkennen immer noch viel zu wenige Bürger, dass ein „weiter so" sie erst zu den Unfreien gemacht hat, die sie sind? Weshalb lässt man denen freie Hand, die fortlaufend Zerrbilder zeichnen?

Natürlich ist es bei vielen die Angst, sich zu exponieren. Eine Erklärung dürfte aber auch in der Naivität der Menschen zu finden sein. Denn 74% der Bürger sprechen sich für gesellschaftliches Engagement aus, wobei so mancher allerdings nicht merkt, dass er dabei von eben jenen Ideologen missbraucht wird, die ihn unfrei machen. Im Gewand der Guten kommen die Totalitären nun einmal besonders gerne daher. Es ist ein Teufelskreis, dessen Verlassen der Schlüssel zur Wiedererlangung der Freiheit ist. Woher aber soll die Kraft zur Erneuerung kommen? Es ist zu befürchten, dass erst echte Existenzangst und pure Not zu einer Wende führen werden. Hoffen wir, dass es dann nicht zu spät ist. Für die Menschen in unserem Land und für die Demokratie.

Der ewige Notstand
Die Regierenden geben ihr Machtinstrument nicht her

Als im Frühjahr 2020 der Rechtsbegriff der „epidemischen Lage von nationaler Tragweite" kreiert wurde, gehörte ich zu den vielen Mahnern, die einen Dammbruch befürchteten, wenn den Regierenden erst einmal ein solch mächtiges Werkzeug in die Hand gegeben würde. Ich warnte vor den fatalen Folgen, die mit der Feststellung der Notlage durch den Bundestag absehbar waren. Immer und immer wieder würde eine Regierung mit ihrer Parlamentsmehrheit die Möglichkeit nutzen, den Notstand auszurufen, um am Parlament vorbeiregieren und die Gewaltenteilung aushebeln zu können. Genauso ist es gekommen.

Ein schnöder Parlamentsbeschluss schuf die Basis dafür, dass wesentliche Teile der verfassungsmäßig verbrieften Grundrechte seither mühelos verweigert werden können. Und inzwischen bedarf es nicht einmal mehr der Feststellung einer „epidemischen Lage". Die letzte Änderung des Infektionsschutzgesetzes erlaubt die Verhängung restriktiver Maßnahmen, wann immer die politisch Verantwortlichen dies für richtig halten. Und die Bundesländer können nun nach eigenem Ermessen handeln. Das Ergebnis ist ein Flickenteppich willkürlicher Regelungen, die mehr als zuvor die Gerichte beschäftigen. Nach zwei Jahren Dauerkrise steuern wir auf den „ewigen Notstand" zu, der schon bald nicht mehr mit einem Virus, sondern mit anderen vermeintlichen Bedrohungen verknüpft sein wird.

Sieben Jahrzehnte lang genossen die Grundrechte Ewigkeitscharakter. Seit Corona ist das vorbei, und das ist kein Zufall. Je mehr Freiheiten Verfassungen für Bürger vorsehen, umso weniger Macht haben Regierungen. Diesem „Übel" ist die Politik nun beigekommen. Mit herbeigerufenen Krisen entledigen sich die Regierenden ihrer demokratischen Fesseln. In Deutschland gelingt ihnen dies besonders leicht. Nur noch bei einem von der Politik und ihren Gehilfen leicht zu beherrschenden Kreis von Demokratieverteidigern regt sich Widerstand dagegen, dass die Zuständigen sich lieber an inszenierten Untergangsszenarien austoben, als echte Herausforderungen anzugehen.

Und so findet auch die Corona-Politik, der die vorliegenden Fakten längst die Berechtigung entzogen haben, mehrheitlich Zustimmung – nicht nur im Bundestag, sondern auch bei Millionen von Bürgern. In ihrer Panik sind die Menschen unfähig, einfachste Zahlenreihen zu verstehen, und so halten sie Corona für einen Serienkiller. Von Bundestagsabgeordneten darf man jedoch mehr verlangen: Sie sollten im dritten Jahr der ausgerufenen Pandemie über eine hinreichende Kenntnis der Datenlage verfügen. Regierungsmitglieder sowieso. Wer seine politische Macht dazu missbraucht, ohne erkennbare Gefahr eine Notlage zu unterstellen, verlässt daher den Boden der demokratischen Grundordnung. Ohnehin scheint es darum zu gehen, die nur bedingt zugelassenen Corona-Spritzen weiterhin verabreichen zu können. Ohne einen vermeintlichen Gesundheitsnotstand wäre dies weit schwieriger durchzusetzen.

Längst steht nicht mehr die Frage etwaiger Gefahren durch ein Virus im Vordergrund, sondern der Wunsch, die für Milliardenbeträge angeschafften Dosen vollständig zu injizieren. Tatsächlich regt der angelegte Vorrat zu Spekulationen an, ein Umstand, an dem selbst gewogene Experten deutliche Kritik üben. Es sei nochmals klargestellt, dass es sich gerade nicht um eine Zulassung von Impfstoffen handelt, sondern um eine Ausnahme von der Zulassungspflicht, deren Wesensmerkmal darin besteht, dass die Hersteller von jeder Haftung freigestellt sind. Wieder einmal werden dabei die Gewinne privatisiert und die Kosten sozialisiert, ein gängiges Muster politischen Handelns.

Das „Casino", das die Politik nach der Finanzkrise angeblich schließen wollte, floriert also auch in Corona-Zeiten. Zu den Finanzinstituten haben sich Pharmakonzerne gesellt, die – anders als die Banker – dafür gefeiert werden, Regierungen zu erpressen und sich Steuermilliarden einzuverleiben. An den Corona-Spieltischen agiert die Politik als Croupier. Um es noch einmal zu sagen: Eine Notlage gibt es nicht. So wenig, wie heute noch größere Gesundheitsgefahren vom Virus ausgehen, ist eine Überlastung der Krankenhäuser zu erkennen. Diese hatte es auch in der Vergangenheit nicht gegeben. Allerdings könnte die Vertreibung des Pflegepersonals durch die berufsbezogene Impfpflicht eine Krise tatsächlich schon bald provozieren. Auf diese Weise hätten die Profiteure der herbeihalluzinierten Gesundheitsnotlage am Ende dann den Notstand geschaffen, den sie so dringend benötigen.

Der Kollektivismus
Die chronische Krankheit reifer Demokratien

Auf den Verdacht einer schweren Erkrankung kann man sehr unterschiedlich reagieren. Da gibt es diejenigen, die die Symptome ignorieren, bis die bittere Wahrheit sie einholt. Andere sind sich ihrer Beschwerden bewusst. Doch sie wollen es gar nicht so genau wissen. Ihr Unwohlsein schieben sie mal auf einen Bagatellinfekt, mal aufs Wetter und mal auf eine verdorbene Mahlzeit. Und dann sind da jene, die tief im Innersten eine Ahnung verspüren, sich aber nicht trauen, den Dingen auf den Grund zu gehen, weil sie sich vor der bestätigenden Diagnose fürchten. In allen Fällen geht das nur so lange gut, bis die Beschwerden sich derart verschlimmern, dass ein Arztbesuch unausweichlich wird. Eine medizinische Hilfe kommt dann allerdings vielfach zu spät, um die im Körper angerichteten Schäden noch beheben zu können.

Was für die menschliche Gesundheit gilt, trifft in gleicher Weise auf die Gesellschaft zu: Warnzeichen zu ignorieren oder zu leugnen, macht alles nur noch schlimmer. Unsere Demokratie ist schwer erkrankt. Schon seit einiger Zeit schleppt sie ihre Symptome mit sich herum. Dabei gibt es sie, die Mutigen, die der Wahrheit ins Auge sehen. Sie fordern eine schonungslose Diagnose, die aber bis heute niemand stellen möchte, der zur Ursachenbekämpfung in der Lage wäre. Von einem Therapieplan, der nun einmal auch Nebenwirkungen mit sich bringt, ganz zu schweigen.

Die Krankheit reifer Demokratien heißt Kollektivismus. Je stärker Partikularinteressen das politische Handeln bestimmen, umso weniger gilt das Individuum. Was wie ein Widerspruch klingt, ist das logische Ergebnis einer Gesellschaftsform, die Kleingruppen mehr und mehr Macht über den großen Rest verleiht, in der irrigen Annahme, es sei diskriminierend oder etwa rassistisch, den Willen der Mehrheit umzusetzen. Politik wird für den Einzelfall gemacht, um niemanden von der sogenannten Teilhabe auszuschließen. Der Ansatz muss letztlich scheitern, führt er doch zur Gleichmacherei, bei der ein gemeinsamer Nenner nur noch über ein dichtes Netz aus Verboten und Verhaltensmaßregeln zu finden ist.

Dahinter steckt die wirre Idee, dass es keine Benachteiligung Einzelner mehr geben kann, wenn sich alle ein- und demselben Verhaltensmuster unterwerfen und der Individualismus größtmöglich eingeschränkt wird. Dass das vermeintliche Ziel dabei aus dem Blick gerät, die Interessen von Minderheiten zu schützen, die sich ja eben gerade im Anderssein ausdrücken, wird mit aufwändiger Propaganda und aufdringlichen Narrativen kaschiert. Der Minderheitenschutz gilt ohnehin nur für ausgewählte Gruppen, für diese aber exzessiv. So lebenswichtig Toleranz für die Demokratie ist, so schädlich ist deren Überfluss. Wir kennen das vom menschlichen Organismus, in dem nicht zuletzt der Anteil der Blutbestandteile sowie das Gleichgewicht aus Wachstums- und Killerzellen darüber entscheiden, ob wir gesund sind oder Krankheiten entwickeln.

Die anfällige Konstitution demokratischer Systeme verursacht so lange keine bleibenden Schäden, wie die Mehrheitsgesellschaft die Kontrolle über die Organe hat. Dabei hält erst das Zusammenspiel der vielen unterschiedlichen Beteiligten die Demokratie gesund. Neuzeitliche Bewegungen wie die als Machtinstrument eingesetzte Political Correctness und deren infektiöse Ausgeburt der Wokeness haben das gesunde Gleichgewicht jedoch nachhaltig gestört. Das jahrelange Ignorieren und Leugnen der für alle sichtbaren Symptome hat Spuren hinterlassen. Die Demokratie ist ausgezehrt und schwach. Ihre chronische Erkrankung muss heute niemand mehr diagnostizieren. Doch zu hören ist nicht der Ruf nach der dringend benötigten Therapie, sondern die empörte Zurückweisung der Befunde.

Viel Zeit bleibt uns nicht, um zu verhindern, dass aus der chronischen Erkrankung eine unheilbare Krankheit wird. Dann metastieren bösartige Auswüchse, die das Individuum verachten und den Menschen nur noch als Wirt sehen, dessen sich das Virus kollektiver Ideologien bedient. Und hat die Seele der Demokratie erst einmal den siechenden Körper verlassen, wird sich so bald keine Staatsform finden, die sie ersetzen kann. Überlegen wir also gut, ob wir weiter zuschauen wollen, wie das Geschwür des Kollektivismus wächst. Das Leben ist kostbar, und alles Leben muss gepflegt werden, um gesund zu bleiben. Wir haben die Demokratie so lange vernachlässigt, dass sie ihr Leben auszuhauchen droht. Das wird so mancher erst begreifen, wenn er weinend an ihrem Sterbebett steht.

Blick über den Tellerrand
Boris Johnson muss sich dem Bürgerwillen beugen

Um die eigene Situation besser einschätzen zu können, ist es gut, über den Tellerrand zu schauen, vor allem, wenn dieser Blick auf eine der ältesten Demokratien der Welt fällt. Gerade in Zeiten wie diesen zeigt sich, wie wichtig eine tief verankerte demokratische Kultur ist. Besonders ausgeprägt ist sie im Vereinigten Königreich. Doch nicht nur dort reagieren die Bürger ausgesprochen sensibel auf staatliche Übergriffigkeit, sondern auch in vielen anderen Teilen der Welt. Inzwischen gehen sogar in Deutschland Hunderttausende gegen die immer repressivere Politik auf die Straße. Es spricht sich herum, dass Corona als Katalysator dient, um zuvor nicht durchsetzbare Maßnahmen zu rechtfertigen und zu implementieren.

Weltweit wurden massive Umverteilungsströme in Gang gesetzt und noch kurz zuvor undenkbare Beschränkungen bürgerlicher Freiheiten per Dekret und ohne weitere Parlamentsbeteiligung verhängt. Der Verlockung konnte auch die britische Regierung nicht widerstehen. Trotz erheblicher Kritik an der Art der statistischen Erfassung und den Modellen der Corona-Berater sowie einer Reihe ernstzunehmender Hinweise auf die Fragwürdigkeit vieler Maßnahmen konnte Premierminister Boris Johnson nicht nur Freiheitsbeschränkungen durchsetzen, die zum Teil noch restriktiver waren als in Deutschland, sondern zum Ende hin die Zügel kurzzeitig noch einmal anziehen.

Die Gegenwehr hielt sich in der Anfangszeit im Rahmen, was nicht zuletzt dem ausgeprägten britischen Pragmatismus geschuldet war, mit dem man Krisen auszusitzen vermag. Als jedoch immer deutlicher wurde, dass die angekündigte Apokalypse ausgeblieben und auch für die Zukunft nicht zu erkennen war, begehrten die freiheitsliebenden Briten mit Macht auf. Der Druck auf den Premierminister wuchs, was zur Erstellung eines Ausstiegsfahrplans aus den Beschränkungen führte. Johnson war derart in die Bredouille geraten, dass er seinen Mitbürgern versprechen musste, die „Roadmap" sei unumkehrbar. Verantwortlich für die klare Ansage war neben der Stärke des Souveräns auch eine funktionierende „Vierte Gewalt", die sich nicht – wie in Deutschland – als Helferin der Regierung begreift oder als Erziehungsberechtigte der Regierten, sondern als Korrektiv gegenüber einem Staat, der sich zu viel Macht, Kontrolle und Einflussnahme anmaßt.

Mittlerweile sind bis auf eine teilweise geltende, aber mit wenig Interesse be- und verfolgte Maskenpflicht in England keinerlei Beschränkungen mehr in Kraft. Und sogar der in Deutschland nicht mehr wegzudenkende Impfpass ist Geschichte, ebenso der Zwang, sich impfen zu lassen, der nun nicht einmal mehr für bestimmte Berufsgruppen gilt. Johnsons Regierung hat Wort gehalten, weil sie musste. Das andernorts geltende Narrativ, dass Grundrechte nur noch für jene uneingeschränkt gelten, die sich ihrer durch Folgsamkeit würdig erweisen, war in einer so gefestigten Demokratie wie der britischen nicht durchzusetzen.

Vorausgegangen waren wochenlange Massenproteste, die den deutschen Nachrichtenkonsumenten allerdings medial weitgehend vorenthalten blieben. Während die Bürger in einer funktionierenden Demokratie also die Macht haben, ihre Regierung zur Umkehr zu zwingen, lässt man sie in Deutschland häufig nicht einmal mehr ungehindert von ihrem Demonstrationsrecht Gebrauch machen. Was nicht minder schwer wiegt, ist die Offenheit, mit der die herrschende Politik Kritiker ausgrenzt, diskreditiert oder gar beleidigt und dabei von Medien und Gesellschaft stehenden Applaus erhält. Deutschlands Regierende haben dafür gesorgt, dass ihnen Andersdenkende politisch nichts mehr anhaben können, indem sie die Grundrechte an Bedingungen geknüpft haben.

Aus dem Beleidigungsorchester hatte übrigens auch Alt-Bundespräsident Joachim Gauck zur Jagd auf selbstdenkende Menschen geblasen, um jeden als „Bekloppten" zu diffamieren, der sich davor scheut, sich einen nicht hinreichend getesteten Wirkstoff mit unausgereiften Verfahren spritzen zu lassen. Ob er auch all jene meinte, die aus religiöser Überzeugung nicht zur „Impfung" bereit sind? Oder den großen Kreis der Bevölkerung, der als Mediziner, Pflegekraft, Elternteil oder chronisch Kranker wohlbegründet lieber noch abwartet? Im Abwärtsstrudel eines aufziehenden Gesundheitstotalitarismus schaut man wehmütig nach England. Und nach Schweden. Und nach Dänemark. Und nach Spanien. Und in die Schweiz. Und so weiter.

Immer mehr Briefwähler
Gefahr für die Freiheit und Gleichheit von Wahlen

Die Bundestagswahl liegt schon wieder eine ganze Weile zurück. Und doch lohnt es, noch einmal draufzuschauen. Denn nie zuvor haben so viele Menschen ihre Stimme per Briefwahl abgegeben. Es waren mehr als 47% der Wähler. Die Briefwahl ist allerdings eigentlich als Ausnahme im Verhinderungsfall gedacht. Sie soll sicherstellen, dass jeder Wahlberechtigte eine Chance zur Stimmabgabe erhält. Doch schon seit Jahren ist ein Trend sichtbar, der sich durch Corona noch einmal beschleunigt hat. Immer mehr Deutsche bevorzugen die Briefwahl.

Verfassungsrechtler warnen regelmäßig vor einem ansteigenden Briefwähleranteil. Sie sehen nicht nur den Grundsatz des Wahlgeheimnisses in Gefahr, sondern auch die Freiheit und Gleichheit der Wahlen. Zum einen ist nämlich nicht kontrollierbar, wer den Stimmzettel ausfüllt und ob dies unbeeinflusst erfolgt. Wähler könnten nicht nur ihre eigene Stimme abgeben, sondern zusätzlich die Briefwahl für Familienmitglieder oder betreute Personen vornehmen. Mindestens könnten sie diese in ihrer Wahlentscheidung unmittelbar bei der Stimmabgabe beeinflussen. Die Zahl dokumentierter Fälle lässt eine hohe Dunkelziffer vermuten. Zum anderen führt die frühzeitige Stimmabgabe bis zu sechs Wochen vor dem Wahltag dazu, dass spätere Erkenntnisse und Ereignisse in die Abstimmungsüberlegungen nicht mehr einfließen können.

Zwar hat das Bundesverfassungsgericht Bedenken gegen die Verfassungsmäßigkeit der Briefwahl eine Absage erteilt, doch kommen die Richter zu dem Schluss, dass die öffentliche Kontrolle der Stimmabgabe wie auch die Integrität der Wahl durchaus beeinträchtig sind. Verletzungen der Prinzipien unmittelbarer, freier, gleicher und geheimer Wahlen müssten allerdings hinter dem Ziel zurückstehen, eine möglichst umfassende Wahlbeteiligung zu erreichen, also dem Grundsatz der Allgemeinheit von Wahlen Rechnung zu tragen. Diese Sicht wird nicht überall geteilt. Viele Rechtsexperten halten spätestens einen Briefwähleranteil von 50% für verfassungsrechtlich fragwürdig.

Es ist ohnehin die Frage, warum es besser sein soll, dass möglichst viele ihren Stimmzettel abgeben, statt sicherzustellen, dass möglichst wenige betrügen. Die Gegenüberstellung von Wahlbeteiligung und Briefwähleranteil zeigt überdies, dass es keinen Zusammenhang zu geben scheint. Es ist also offenbar nicht so, dass eine höhere Briefwahlteilnahme dabei hilft, die „Allgemeinheit von Wahlen" zu stärken. Ähnliche Erfahrungen gibt es aus anderen Ländern, in denen der Anteil der Briefwähler traditionell deutlich höher liegt. Demgegenüber muss die Leichtigkeit, mit der Stimmen ausgeübt werden können, die anderen zustehen, Anlass zur Sorge geben. Regelmäßig brüsten sich Wahlbetrüger öffentlich damit, dass sie die eigene Großmutter oder den betreuten Hochbetagten im Seniorenheim bei der Briefwahl „unterstützt" haben. Die Situation hilfebedürftiger Menschen wird dabei schamlos ausgenutzt.

Die Wahlleiter stellen angeblich keine größeren Unterschiede im Stimmverhalten von Urnen- und Briefwählern fest. Dass der Zeitpunkt der Stimmabgabe jedoch durchaus relevant ist, sah man im Frühjahr 2011. Als kurz vor den hessischen Kommunalwahlen eine Naturkatastrophe ein Atomkraftwerk in Japan lahmlegte, hatten viele Wähler schon per Briefwahl abgestimmt. Der Höhenflug der Grünen wäre ohne die bereits abgegebenen Stimmen damals noch stärker ausgefallen. Das Beispiel verdeutlicht, wie wichtig es ist, dass alle Bürger mit einer vergleichbaren Informationsbasis wählen, wenngleich die Briefwahl seinerzeit manchem als Segen erschienen sein mag. Auch Corona hat für eine solche Schieflage gesorgt. Wer Mitte August abgestimmt hat, kann nicht mit demselben Kenntnisstand gewählt haben, wie andere am 26. September.

Ein möglicherweise viel größeres Problem stellt sich aber erst nach der Stimmabgabe – Briefwahl hin oder her: Immer noch werden Wahlzettel so ausgezählt wie kurz nach dem Krieg. Zwar erfolgt die Zusammenführung der aus den Wahllokalen gemeldeten Stimmen inzwischen mittels moderner Software, doch sind die wichtigsten Hilfsmittel der Auszähler vor Ort immer noch Zettel und Stift. Dass dies nicht nur menschlichem Unvermögen, sondern auch Betrügereien Tür und Tor öffnet, wird zu Recht kritisiert. Es ist verrückt, dass ein Staat, der den Begriff des „ewig Gestrigen" als Stilmittel der Ächtung kultiviert, das zentrale Element der Demokratie im Geist früherer Jahrhunderte gestaltet. Vielleicht ist dies aber gerade so gewollt.

Angst vorm Blackout
Der Elektromobilität wird der Strom abgedreht

Europas Politik hat Angst. Nein, nicht wegen Corona, da haben außer in Deutschland und ein paar anderen Ländern die meisten Regierungen inzwischen dazugelernt. Europa fürchtet den Blackout. Die Sorge vor Lieferengpässen im Strom- und Gasbereich, eine Prognose, die noch vor nicht allzu langer Zeit ins Reich rechter Verschwörungstheorien verwiesen worden war, wächst. Anfangs schaute man in der Europäischen Union schadenfroh nach Großbritannien, wo massiv gestiegene Gaspreise eine Reihe von Energieanbietern zum Aufgeben gezwungen hatten, weil diese die um bis zu 70% nach oben geschnellten Einkaufspreise durch die gesetzliche Gaspreisdeckelung nicht weitergeben konnten. Doch schon kurz darauf ereilte bekannte deutsche Anbieter das gleiche Schicksal.

Überall in Europa zeigen die Energiepreissprünge Folgen: Die Inflation galoppiert. Dabei wirken die selbsternannten „Klimaretter" als gefährliche Brandbeschleuniger. Die explosive Mischung aus drastischen Steuererhöhungen und rapide gestiegenen Preisen trifft vor allem jene schmerzlich, die naiverweise nur ein paar Euro mehr fürs Klima auszugeben glaubten und gar nicht in der Lage sind, immer weiter steigende Kosten zu schultern. In Großbritannien hatte man zwischenzeitlich aber noch andere Sorgen: Wegen 100.000 fehlender Lkw-Fahrer stockte der Nachschub für die Tankstellen und Lebensmittelgeschäfte.

Das Problem war hausgemacht, weil man mit einer hysterischen Warn-App Millionen von Menschen über Wochen aus dem Arbeitsprozess gerissen hatte, die nur teilweise wieder in ihre angestammten Jobs zurückkehrten. Zudem hat die Praxis der Visavergabe nach dem Brexit eine Vielzahl ausländischer Arbeiter aus dem Land getrieben. Als wäre das nicht genug, fürchten nicht nur die Briten, dass ihnen angesichts steigender Zahlen von Elektrofahrzeugen im sprichwörtlichen Sinne der Strom ausgeht. Diese Gefahr scheint man auch in Deutschland zu sehen, was Anfang 2021 zu einem Gesetzentwurf zur „Spitzenglättung" geführt hatte, den sich die damalige Bundesregierung aber nicht in den Bundestag einzubringen traute.

Mit der wohlklingenden Bezeichnung der „Glättung" ist genau das gemeint, was die Briten unlängst festgeschrieben haben: Wer sein E-Mobil an der heimischen Ladestation „auftanken" will, schaut zu den Hochlastzeiten in die Röhre. Privaten Ladestationen im Vereinigten Königreich wird von Montag bis Freitag jeweils für neun Stunden am Tag der Strom abgestellt. Die große Furcht vor dem Zusammenbruch der Stromnetze ist keinesfalls unbegründet, gab es doch zuletzt immer wieder Stromausfälle und sogar einen Beinahe-Blackout auf dem gesamten Kontinent. Regelmäßig müssen in Deutschland Industrieanlagen vom Netz genommen werden, um Engpässe zu vermeiden. Der Ausbau sogenannter erneuerbarer Energien hat die europäische Versorgung anfällig gemacht und die Lebenslüge der politisch Verantwortlichen aufgedeckt.

Würden die von der Politik postulierten Ziele der Elektromobilität auch nur annähernd erreicht, stünden schon heute keine ausreichenden Kapazitäten zur Verfügung. Allein Großbritannien benötigt wegen der Abkehr vom Verbrennungsmotor bis 2050 das zusätzliche Stromäquivalent von sechs Kernkraftwerken. In Deutschland sieht es nicht besser aus. Wir müssen uns auf weitere drastische Maßnahmen einstellen. Woher der Strom künftig in ausreichender Menge kommen soll, steht allerdings in den Sternen. Die Netzbetreiber mehrerer EU-Länder warnen schon länger. Immer mehr Regierungen merken, dass die religionsgleiche Vergötterung der sogenannten erneuerbaren Energien die Versorgungssicherheit gefährdet.

Europa geht einer ungewissen Zukunft entgegen. Immer größer wird die Abhängigkeit von „Partnern“, die nur ein begrenztes Interesse an einem prosperierenden Kontinent haben. „Energiewende“ und „Green Deal“ entfalten ihre volle Wucht, und schon bald werden die Erinnerungen an jahrelange Corona-Beschränkungen verblassen, wenn uns drohende Blackouts rund um die Uhr vor die Frage stellen, wofür wir unser Stromkontingent nutzen wollen. Der zu erwartende Druck großer Unternehmen auf die Politik könnte manchen Irrweg korrigieren. Entspannung bedeutet dies allerdings nicht. Nun ist Schadensbegrenzung angesagt. Doch der Wiederaufbau einer zuverlässigen Energieversorgung wird ein Vielfaches von dem verschlingen, was wir für die ideologischen Spielereien wohlstandsverwöhnter „Weltverbesserer“ berappen müssen.

Kanonen auf Spatzen
Was ist mit Krebs und anderen Seuchen?

Wochenlang plagten mich gesundheitliche Beschwerden, die mich schließlich zum Facharzt führten. Die Resultate der Blutuntersuchung ergaben zwar zunächst wenig Aufschluss, doch bereitete ein bestimmter Wert meinem Arzt Sorge. Denn meine Beschwerden passten zu den schwerwiegenden Erkrankungen, die mit der Blutwerterhöhung einhergehen können. Es war einfach keine Besserung in Sicht. Die medizinischen Untersuchungen wurden erweitert, das Arsenal der Infektiologie ausgereizt, zusätzliche Blutwerte analysiert und alle möglichen Krebsmarker erhoben. Ich bereitete mich auf das Schlimmste vor, setzte mich mit den möglichen Therapien auseinander und betete täglich, der liebe Herrgott möge mich verschonen. Zum Glück kam schließlich die Entwarnung.

Warum ich Ihnen das erzähle? Weil mich diese Zeit vieles gelehrt hat. Zunächst einmal, und das ist das Wichtigste: Ohne die Familie ist alles nichts. Niemals hätte ich die Wochen der Schmerzen, der Verzweiflung und der Ungewissheit ohne die enorme Unterstützung meiner Nächsten durchgestanden. Und womöglich hätte ich nicht den Mut gehabt, mich drohenden Diagnosen zu stellen. Kraft gab mir das Wissen, dass ich nicht allein sein würde mit dem, was kommen könnte. Kein Staat kann die Familie ersetzen, das sollte jedem klar sein, so sehr sich die sogenannten Progressiven darum bemühen.

Die Leidenszeit hat mich aber noch mehr gelehrt: Das Leben ist kostbar. Wir sollten jeden guten Tag, der uns geschenkt wird, genießen! Die kleinen und größeren alltäglichen Ärgernisse sind unbedeutend im Vergleich zu chronischen Leiden, unheilbaren Erkrankungen oder gar einem Siechtum. Leben wir! Brechen wir aus den Fesseln aus, die uns mit der Schere im Kopf herumlaufen lassen. Unser „kleiner Mann im Ohr" will uns jeden Tag Eintausend Gründe einreden, warum dies nicht geht und jenes nicht gut wäre. Lassen wir uns nicht weismachen, wir müssten Dinge tun, nur weil andere sie für richtig halten. Schon gar nicht haben uns kontrollsüchtige Politiker und angebliche Experten oder „Weltverbesserer" ihre Regeln zu diktieren.

Wir Menschen, die wir in allen möglichen Lebensmodellen miteinander eine Gesellschaft bilden, sind es, die sich zu verabreden haben. Dafür braucht es keine Obrigkeiten. Wir tun dies in der Partnerschaft, in der Familie, im Sportverein, im Kollegenkreis und in vielen weiteren Gruppen. Da fragen wir nicht nach einer Instanz, die uns sagt, was wir zu tun haben. Wieso also die Ehrfurcht gegenüber angeblichen Koryphäen und Berufskümmerern? Warum geben wir das Einzige auf, das uns wirklich zu Individuen macht? Die Verantwortung für uns selbst, die Chance zur eigenen Lebensgestaltung, das Hören auf den ureigenen Instinkt – warum wollen Millionen von Mitbürgern davon nichts mehr wissen? Wie kann jemand sagen: „Ich lebe!", wenn er sich einer Bevormundung unterwirft, in der kaum noch Spielraum zur Entfaltung bleibt?

Ich bin ein echter Glückspilz. Nicht nur, weil ich gesund bin, sondern weil ich mein Leben selbst gestalte; weil ich zwar Regeln befolge, mich darüber hinaus aber nicht bevormunden lasse; und weil ich mit einem Bauchgefühl gesegnet bin, das mich das Böse früh erkennen lässt, selbst wenn mein Immunsystem auch mal falschen Alarm gibt. So kann ich dem Bösen entgegentreten, mich vorbereiten oder ihm ausweichen und es ins Leere laufen lassen, wenn die diabolischen Kräfte übermächtig erscheinen. Das ist ein gutes Gefühl, ein Gefühl aus dem ich meine Kraft beziehe. Nun umso mehr.

Es war eine schwierige Zeit. Und sie hat mich auch wütend gemacht, weil es möglich ist, weltweit Hunderte Milliarden zur Erforschung und Beherrschung eines Virus in kürzester Zeit auszugeben, aber seit Jahrzehnten nicht für schwerste Krankheiten wie Krebs, Multiple Sklerose und andere aufzehrende Leiden. Es gibt immer noch unheilbare Infektionen, da wirken die Kanonen, mit denen global auf den Spatz Corona geschossen wird, wie blanker Hohn für die vielen Millionen Menschen, die nicht das Glück haben, dass ihr Virus gerade zum Zeitgeist passt und sich ganz nebenbei noch wunderbar verschiedenste Ideologien mit seiner angeblichen Bekämpfung durchsetzen lassen. Irgendwann werden all jene, die den unheilbar Erkrankten mit ihrem Corona-Absolutismus so böse ins Gesicht lachen, vor ihrem Richter stehen, und sei es in einer anderen Welt als der irdischen. Leben Sie und schöpfen Sie Zuversicht aus dieser Gewissheit!

Willkommen in der Zukunft
Der „Great Reset" kommt in den Wohnzimmern an

Seit einiger Zeit gibt es immer mal wieder Versorgungs-
engpässe. Halbleere Regale präsentierten sich auch deutschen Kunden in Möbelhäusern und Supermärkten, nachdem viele kurz zuvor noch die Briten ausgelacht und sich
hämisch über angebliche „Brexit"-Folgen gefreut hatten.
Was jahrzehntelang wie selbstverständlich zu haben war,
ist auch für Industriebetriebe in Deutschland mitunter zum
raren Gut geworden. Dazu kommt eine veritable Energiekrise, die schon einige Anbieter zum Rückzug gezwungen
hat und massive Preissteigerungen für Unternehmen und
Verbraucher bedeutet. Die Gemengelage ist explosiv. Und
doch scheinen viele Bürger den Ernst der Lage noch gar
nicht begriffen zu haben.

Sie wählen Politiker, die sich mit Schauermärchen in ihr
Bewusstsein eingeschlichen und sich der vermeintlichen
Lösung von Scheinkrisen verschrieben haben. Sie rennen
Rattenfängern hinterher, die behaupten, ohne eine Ener-
gie-, Verkehrs- oder Mobilitätswende sei das Überleben
der Menschheit ungewiss. Und sie haben sich jenen ausge-
liefert, die ihnen einen Gesundheitstotalitarismus verordnen. Das eigentliche Problem unserer Zeit erkennen die
Menschen jedoch nicht. Statt das Klima in dreißig Jahren
zu „retten", was sich schon in der Begriffswahl als grober
Unfug entlarvt, wäre es weitaus klüger, den energiepoliti-
schen Herausforderungen im Hier und Jetzt zu begegnen.

Statt die Mobilität immer weiter zu beschränken, bedarf es intelligenter Alternativen, die vor der Zerstörung bisheriger Strukturen verfügbar und erschwinglich sein müssen. Erst recht gilt dies für die Energieversorgung. Für die Organisation komplexer internationaler Lieferketten sowieso. Wer also nun dumm aus der Wäsche schaut, der sollte sich fragen, was sein eigener Anteil an der misslichen Lage ist. Wenige werden bereit sein zur nötigen Ehrlichkeit. Wer gibt schon gerne zu, dass er selbst die Schuld trägt? Nachfolgenden Generationen wird er aber erklären müssen, warum er Machteliten, Krisengewinnlern und Systemumstürzlern auf den Leim gegangen ist, die eine Verachtung für das Gemeinwohl, für gelebte Werte und für eine funktionierende Demokratie eint.

Kaum einer derer, die vor der Frage stehen, wie sie der anrollenden Flut an Teuerungen standhalten sollen, wird aufrichtig genug sein, sich und anderen einzugestehen, dass erst die wohlstandsverwahrloste Dekadenz der sektenhaften Hinwendung zu ideologischen Heilslehren das bestehende Gleichgewicht zerstört und Krisen heraufbeschworen hat. Einige haben das Unheil kommen sehen. Sie beklagten immer autoritärere Maßnahmen, zunehmend weniger politische Ausgewogenheit sowie das Entstehen totalitärer Strukturen – und wurden davongejagt statt angehört. Nun liegt das Kind im Brunnen. Die Politik des zurückliegenden Jahrzehnts hat viele Krisen erst geschaffen. Wo das schnelle Löschen schwelender Brandherde nötig gewesen wäre, haben Regierungen Öl ins Feuer gegossen.

Es scheint, als sei eine regelrechte Lust an der Katastrophe erwacht, um sich zu profilieren und sein Dasein aufzuwerten. Letzteres trifft aber nicht nur auf die Berufspolitik zu. Wer Teil einer Bewegung ist, die sich nicht weniger als die Rettung der Menschheit auf die Fahne geschrieben hat, fühlt sich wertvoll und darf sich vor allem der Wertschätzung Gleichgesinnter sicher sein. Ganze „Weltenretter"-Gemeinschaften sind auf diese Weise entstanden, sektengleich in Struktur und Wirkung. Doch es ist wie mit allen Sekten: Am Ende kommt das böse Erwachen und nicht selten die Erkenntnis, sich Scharlatanen und falschen Propheten angedient zu haben. Und doch üben Krisen auf die meisten Menschen eine morbide Faszination aus – solange sie die Konsequenzen nicht selbst zu spüren bekommen.

Künftig wird für viele der Alltag allerdings schwieriger – und der Wohlstand wird schwinden. Allmählich erhalten wir alle einen Vorgeschmack. Die Mächtigen des Weltwirtschaftsforums beschrieben dies bereits im Jahr 2016, als sie prophezeiten, dass in der von ihnen geschaffenen neuen Welt der Normalbürger schon 2030 nichts mehr besitzen wird. „Aber du wirst glücklich sein", beruhigen sie uns. Es ist zu befürchten, dass dies für die Masse sogar zutrifft. Wer sich Endzeitsekten anschließt und Geborgenheit im eigenen Stockholm-Syndrom findet, wird als mittelloser, aber von jeder Eigenverantwortung befreiter Abhängiger eines kontrollwütigen totalitären Systems sicher erst recht zufrieden einschlafen können. Willkommen im „Great Reset"!

Die Ampel steht auf Grün
Deutschland, das Hauptquartier der Ökosozialisten

Wir haben eine neue Bundesregierung. Doch wer gedacht hatte, nun werde eine neue Zeit anbrechen, sieht sich nur insofern bestätigt, dass alles schlimmer wird. Konsequent haben sich SPD und Grüne unter Zuhilfenahme der FDP dem Ziel verschrieben, den von Angela Merkel eingeleiteten Staatsumbau zu Ende zu führen. Der Koalitionsvertrag liest sich in weiten Teilen wie eine ökosozialistische Dystopie: Im Mittelpunkt steht die radikale Durchsetzung des grünen Totalitarismus sowie die massive Ausweitung des Sozialstaats inklusive der umfassenden Alimentierung auch all derer, die nie etwas dafür getan haben, sich einen gewissen Lebensstandard zu erarbeiten.

Die „Ampel"-Parteien sehen es als ihre Aufgabe an, die Lebensrisiken der Bürger abzusichern. Folgerichtig suchte man den Begriff der Eigenverantwortung, einst Teil der liberalen DNA, schon im Sondierungspapier vergeblich. Jeder soll alles ausprobieren können und alles sein dürfen, ohne Sorge vor den Konsequenzen seines Tuns. Der Staat wird es anschließend richten. Was so freundlich klingt, ist die weitere Ausbreitung der staatlichen Krake in sämtliche Lebensbereiche und die fortschreitende Entmündigung des Einzelnen. Dass die „Brot und Spiele"-Taktik aufgeht, hat uns die Bundestagswahl vor Augen geführt. Die große Mehrheit der Bevölkerung will den Nanny-Staat der Bevormundung und Maßregelung.

Auch Deutschlands Rolle in Europa und der Welt soll neu gestaltet werden. Die Bundesregierung will hierzu von der Zuwanderung über die Umwelt-, Klima- und Energiepolitik bis zur Ausgestaltung aller Finanztransfers „deutsche Interessen im Lichte der europäischen Interessen definieren". Die Aufgabe nationalstaatlicher Souveränität gipfelt in dem Vorhaben, sich noch mehr als bisher den Vereinten Nationen und allen weiteren supranationalen Organisationen zu unterwerfen. Man will zum Vorreiter des großen Transformationsprozesses werden, indem globale Absichtserklärungen vorauseilend und notfalls im Alleingang in nationales Recht umgesetzt werden. Nicht nur deshalb will man die „Rechtsordnung der gesellschaftlichen Realität anpassen". Angepasst werden soll auch das Staatsbürgerrecht, um dafür zu sorgen, dass Immigration praktisch nicht mehr illegal sein kann.

Ein wesentlicher Punkt ist daneben die Stärkung der Partnerschaft mit Frankreich, wobei es ein offenes Geheimnis ist, dass unsere Nachbarn gar kein Interesse daran haben, Deutschlands Belange zur Geltung zu bringen. Wer mit Frankreich für Europa zu kämpfen glaubt, tut nicht mehr, als für Frankreichs Interessen in der Europäische Union einzutreten. Die „Ampel"-Parteien sind davon überzeugt, die EU stärker zu machen. Doch so wichtig eine gemeinsame Sicherheits-, Verteidigungs- und Entwicklungspolitik ist – ein starkes Europa lebt von starken Einzelstaaten. Polen wollen eben keine Franzosen sein und Italiener keine Belgier. Zwangshochzeiten enden selten glücklich.

Den größten Raum nimmt natürlich die Klimapolitik ein. Sie stützt sich auf die Erzählung vom menschengemachten Klimawandel und den Irrglauben, den Wandel eines Planeten, der Milliarden von Jahren älter ist als wir Menschen, wirklich beeinflussen oder gar aufhalten zu können. Der Mensch als Klimaretter, was für eine Anmaßung! Wir können höchstens uns selbst retten, indem wir uns an die Veränderungen anpassen. Dass der Wahn der Klimaapokalyptiker der alles bestimmende Faktor des Regierungshandelns ist, dürfte der bedeutendste Propagandaerfolg der vergangenen Einhundert Jahre sein.

An markigen Worten mangelt es nicht: „drastisch" soll der Ausbau der „erneuerbaren Energien" beschleunigt werden. Man sieht sich dabei auf einer „gemeinsamen Mission", entschlossen, „alle Hürden und Hemmnisse aus dem Weg zu räumen". Schon dies verdeutlicht die Gnadenlosigkeit, mit der die radikale grüne Agenda umgesetzt werden soll. Natürlich wissen die Grünen, dass sich selbst das gutmütigste Schaf nach vierjährigem Ausbluten nicht mehr freiwillig zur Schlachtbank schleppen wird. Das aktive Wahlrecht soll daher bald ab 16 Jahren greifen, um genügend Nachwuchswähler zu rekrutieren, die in der zweiten Hälfte des Jahrzehnts den grünen Wächterstaat vollenden helfen. Eine Absenkung des Alters der vollen Strafmündigkeit ist hingegen in der Anpassung der Rechtsordnung an die angebliche gesellschaftliche Realität nicht vorgesehen. Die „Ampel" wird Deutschland verändern. Rette sich, wer kann!

Gefallener Engel
Joshua Kimmich und der Zorn der Hohepriester

Wie konnten wir sie nur derart mächtig werden lassen, die unbarmherzigen Gesundheitskrieger, die einzig unsere totale Unterwerfung dulden? Sie schreiben immer neue Regeln fest, an deren Aufstellung sie uns nicht einmal beteiligen. Auf Schritt und Tritt verfolgen sie uns, jederzeit bereit, uns aus dem Verkehr zu ziehen, wenn wir uns nicht ihrem Diktat beugen, mit dem sie alles zerstören, was zivilisierte Gesellschaften ausmacht. Sektengleich in ihrem Gebaren, haben sie die Errungenschaften von Generationen einer kulthaften Heilslehre geopfert. Sie brandmarken jene als Barbaren, die zur Mäßigung aufrufen, während sie ihr eigenes menschenverachtendes Treiben mit erzreligiösem Eifer zum Akt der Nächstenliebe erklären.

Wieso haben wir uns ihnen nicht entschlossener entgegengestellt, als sie ihre Festungen erst errichten und ihre Organisationsstrukturen anlegen mussten? Wir dachten, das Bollwerk unserer Verfassung würde ihnen standhalten, wir lebten in der trügerischen Hoffnung, die über Jahrhunderte gewachsene Rechtsordnung könnte ihnen Einhalt gebieten. Wir waren auf so viel Böses nicht vorbereitet. Dabei war ihr Treiben so durchschaubar und so vorhersehbar ihr Plan. Nichts Gutes wollten sie. Niemals waren ihre Absichten edel. Und wer den Götzen nicht huldigt, die sie anbeten, darf keine Gnade erwarten. Sie verschonen nicht einmal jene, die sie bis gestern noch zu den Ihren zählten.

Erwischt hat es gar einen, der stets als Aushängeschild der „Kämpfer für das Gute" galt. Joshua Kimmich muss man nicht lange bitten, seine Popularität als einer der weltbesten Fußballer für Umweltinitiativen, Klimaschutzprojekte oder Anti-Hass-Kampagnen einzusetzen. Er war es auch, der gemeinsam mit Kollege Leon Goretzka im März 2020 „WeKickCorona" ins Leben rief. Man kann durchaus den Hut vor so viel Engagement ziehen. Über sechs Millionen Euro an Spenden für karitative und soziale Einrichtungen sind zusammengekommen. Der Covax-Initiative übergab man eine halbe Million Euro für die Impfkampagne in den Schwellen- und Entwicklungsländern.

Ein Corona-Leugner ist Kimmich also ebenso wenig wie ein Impfgegner. Und doch fiel der untadelige Sportsmann bei den Hohepriestern des Gesundheitskults in Ungnade. Der Nationalspieler hatte es gewagt, öffentlich zu erklären, dass er vor einer Corona-Impfung lieber Ergebnisse von Langzeitstudien abwarten wolle. Sachlich und unaufgeregt hatte da ein kerngesunder Mittzwanziger seine Ablehnung eines Präparats kundgetan, dessen Risiko-Nutzen-Verhältnis ihn nicht überzeugte. In normalen Zeiten, also vor der Machtübernahme der Impftotalitären, wäre derlei nicht weiter beachtet worden. Nie hatten Journalisten oder Politiker sich dafür interessiert, wer aus dem Profisport sich wohl gegen Grippe impfen ließe. Nicht einmal nach der Masernimpfung der Kinder Prominenter hatten sie sich erkundigt, obwohl doch seit März 2020 eine diesbezügliche Impfpflicht gilt.

Seit Corona ist alles anders. Immer aggressiver wird der Lärm der unablässig heulenden Propagandasirenen. Nicht für möglich gehaltene Rückgriffe auf die dunkelsten Zeiten des vergangenen Jahrhunderts lassen die Schergen von einst beinahe sprichwörtlich wiederauferstehen. Noch ist die Demokratie manch totalitärem Ansinnen im Weg, zuweilen auch der Rechtsstaat. Doch wie lange noch? Joshua Kimmich hat den Verfechtern einer sich immer mehr der Vernunft entziehenden Corona-Politik die Masken heruntergezogen. Warum soll sich ein topfitter Spitzenathlet ohne Not ein Mittel injizieren lassen, von dem noch nicht recht erforscht ist, was es im Körper auslöst? Der anfangs propagierte Schutz Dritter hatte sich bereits als Märchen entpuppt. Und doch riefen alle nach Solidarität. Mit wem?

Die schon damals dokumentierten Fälle derer, die nach der Impfung ernste Probleme bekamen, sollten Grund genug sein, sich die Sache gut überlegen zu dürfen. Inzwischen sind es weitaus mehr. Kimmich wurde mit seiner Vorbildfunktion erpresst. Doch für wen soll er eigentlich Vorbild sein? Für den schwer Übergewichtigen, der bisher offenbar sowieso nicht viel auf die eigene Gesundheit gegeben hat? Für die Hochbetagte, die einsam im Heim verkümmert? Für den Zwölfjährigen, für den Fußball alles ist, der einen Corona-Infekt aber nicht mal als Schnupfen spürt? Nein. Prominente wie Kimmich sollen Ideologien Geltung verschaffen und die Massen zur Folgsamkeit erziehen. Totalitäre Herrschaften funktionieren nur so. Wir Deutsche sollten dies am besten wissen.

Mutti ist weg, Vati ist da
Vier weitere Jahre Merkelismus für Deutschland

Die rot-gelb-grüne Rasselbande ist unterwegs. Ganz progressiv findet man sich – jung, frisch, dynamisch. Wer da so gar nicht ins Bild passen will, ist der Anführer der jungen Wilden, der eher wie ein Herbergsvater wirkt als einer, der für den viel beschworenen Aufbruch steht. Die Skandale, mit denen sein Name verknüpft ist, haben ihm nichts anhaben können. Menschen entscheiden eben nicht aufgrund von Fakten, sondern nach ihren Gefühlen. Und Olaf Scholz gibt ihnen ein gutes Gefühl. So einem verzeiht man fast alles. Auf die kümmernde Mutti folgt der gütige Vati, eine Rolle, die dem ehemaligen Vize-Kanzler ins Gesicht geschrieben steht.

Mit seiner Mimik ist Scholz der Gegenentwurf zu Merkel, deren hängende Mundwinkel stets den Eindruck vermittelten, als trage sie die Last der Welt auf ihren Schultern. Unser aller Last. Kein Wunder, dass die Journalisten sie irgendwann heiligsprachen. Scholz ist anders – und doch wieder nicht. Er ist die Weiterentwicklung Merkels, ein Kümmerer, der nicht nur in den Schlaf wiegen, sondern auch einfühlsam erscheinen kann, eine Angela Merkel mit freundlichem Gesicht. Sein mildes Lächeln ist seine stärkste Waffe, sein ruhiger Tonfall sein wichtigstes Mittel im Kampf gegen die zahllosen Lautsprecher. Der Hanseat hat das schier Unmögliche vollbracht: Er hat eine in Selbstzweifeln badende SPD zur Kanzlerpartei gemacht.

Dass die Kanzlerin zwar gegangen ist, aber niemals ganz weg sein wird, ist mit Olaf Scholz garantiert. Er wird die Politik des Kümmerns fortsetzen, mit der sich die Bürger so sehr haben einlullen lassen, dass sie Kritik an offiziellen Regierungsverlautbarungen inzwischen mehrheitlich als demokratiegefährdend einstufen. Scholz sitzt im Kanzleramt, weil er sich im Wahlkampf als „Merkel der SPD" gerierte. Mutti geht, Vati kommt – nicht weniger streng in der Sache, dafür aber umso sanfter im Ton. Fast könnte man meinen, seine Vorgängerin hätte die Dinge bewusst so eingefädelt, indem sie Laschet durchsetzte und Söder verhinderte. Dass von der Dritten im Bunde keine Gefahr ausgehen würde, war jedem klar, der Annalena Baerbock jemals hatte drei Sätze am Stück reden hören. Das dürfte auch Angela Merkel nicht entgangen sein.

Scholz darf sich auf seine Aufgabe als Regierungschef in einem Land freuen, in dem ihm die Gewaltenteilung nur noch selten in die Quere kommt und sich die Gerichtsbarkeit als hilfreicher erweist, als es von der Verfassung vorgesehen ist. Merkel sei Dank. Mit den Grünen hat er dabei eine starke Schutzmacht an Bord, die auch künftig für eine wohlwollende Berichterstattung sorgen und die eingespielte Zusammenarbeit mit den Leitmedien weiterentwickeln wird. Am meisten muss der neue Bundeskanzler seine eigene Partei fürchten, die nach dem Abtritt des Co-Vorsitzenden Norbert Walter-Borjans ihre Linksdrift beschleunigen wird. Olaf Scholz droht das Schicksal Gerhard Schröders. Doch das sind Sorgen von morgen.

Merkel hat ihn mit viel Schub ins Amt geschickt. Nach ihrer bonusmeilenträchtigen Abschiedstournee durch Europa, die sie bis in den Vatikan führte, hatte die scheidende Kanzlerin kurzerhand ihren Vize ins Gepäck für den G20-Gipfel in Rom gesteckt. Das alljährliche Stelldichein der Staats- und Regierungschefs hatte 2017 Schlagzeilen gemacht, als sich der damalige Erste Bürgermeister Scholz von Linksterroristen vorführen ließ, die für bürgerkriegsähnliche Bilder in Hamburg sorgten. Den Gipfel in Rom wird er in ungleich besserer Erinnerung behalten. Unter dem frenetischen Jubel der deutschen Medien, der selbst die 13-minütigen Ovationen der CDU-Parteitagsdelegierten aus dem Jahr 2005 in den Schatten stellte, präsentierte Merkel der Welt mit gebieterischer Selbstverständlichkeit einen als ihren Nachfolger, der bis dahin weder einen Koalitionsvertrag vorgelegt hatte, noch vom Bundestag gewählt oder vom Bundespräsidenten vereidigt worden war.

Angela Merkel sah nie einen Anlass, Parlamentsentscheidungen abzuwarten. Das war so bei der Bankenrettung, bei der europäischen Schuldenunion, beim Atomausstieg, beim Öffnen der arabisch-islamischen Fluttore und nicht zuletzt bei Corona. Wie bei Hase und Igel: Wo immer die Verteidiger des Grundgesetzes hineilten, war sie schon da und hatte Fakten geschaffen. Die Begeisterung der Journalisten für die zur Schau gestellte Missachtung der Verfassungsorgane hat gezeigt, wie wenig auch sie noch von der Demokratie halten. Die Zeiten, in denen man wenigstens den Anschein wahrte, sind vorbei.

Tatort Corona
Überhöhte Zahlen, falsche Werte, verschleierte Fakten

Allen leeren Versprechungen zum Trotz ist die sogenannte Inzidenz weiterhin das Maß aller Dinge. Doch was bedeutet die Inzidenzzahl eigentlich? Lässt sich mit ihr ein Infektionsgeschehen eindämmen? Zeit, sich ein paar Fakten in Erinnerung zu rufen. Was man uns seit rund zwei Jahren als „7-Tage-Inzidenz“ verkauft, ist eine Mogelpackung. Das wissen Politiker, Journalisten, Virologen und Juristen. Und doch ist die Messzahl, die keinerlei wissenschaftlichen Anforderungen genügt, das Kriterium für die freiheitsberaubende Corona-Politik. Alles wird mit einem Wert gerechtfertigt, der in seiner Einfältigkeit niemals als Steuerungselement hätte herangezogen werden dürfen.

Dass dies dennoch passiert, liegt vor allem daran, dass der Durchschnittsbürger nicht viel von Mathematik oder den anderen Naturwissenschaften versteht. Wäre dies anders, ließe sich weder die Klima-, noch die Energie- und schon gar nicht die Corona-Politik durchsetzen. Wie ist eine epidemiologische Inzidenz nun also definiert? Die Antwort ist einfach: Der Wert gibt die Zahl der Neuerkrankungen innerhalb einer Personengruppe und eines definierten Zeitraums an. Klingt banal? Ist es aber nicht. Denn es bedarf zweier wesentlicher Voraussetzungen: Die Gesamtheit der untersuchten Personen muss bekannt und jede Stichprobe repräsentativ sein. Bei der „7-Tage-Inzidenz“ für Corona werden schon diese beiden Prämissen nicht erfüllt.

Als die Kritik lauter wurde, weil sogar ein paar Journalisten das Bubenstück zu durchschauen begannen und erste Gerichte verschnupft reagiert hatten, entschloss sich die Politik, die „Hospitalisierungsrate" einzuführen. Schnell war sie aber wieder eingemottet, weil sie zur Panik nicht taugte. Auf ihren Corona-„Inzidenzindikator" wollten die Verantwortlichen dann doch nicht verzichten. Der Grund ist einfach: Zahlen beeindrucken. Je größer sie sind, umso mehr. Daher wird die „Inzidenz" auch nicht als Prozentwert oder als Verhältniszahl in Bezug auf die Normgröße von 100.000 Personen angegeben. Aufsehen würde es wohl kaum erregen, gäbe das Robert-Koch-Institut bekannt, dass in einer mittelgroßen Stadt in einer Woche zusammengerechnet 500 von 100.000 Menschen positiv auf das Virus getestet wurden, also 0,5% der Einwohner. Da klingt eine Inzidenz von 500 ungleich bedrohlicher.

Die Taschenspielertricks erschöpfen sich aber keinesfalls in der Inzidenzwertberechnung. Man könnte auch auf die Vermischung von Mortalität und Letalität verweisen, die dazu führt, dass die verunsicherten Bürger das Risiko viel höher einschätzen als es ist. Entscheidend für die Gefährlichkeit einer Pandemie ist allerdings nicht nur, wie viele Menschen an der Infektion sterben, sondern ob diese zu einer Übersterblichkeit jenseits statistischer Schwankungen und demografisch erklärbarer Anstiege führt. Dass die Erfassung der vermeintlich durch Corona Verstorbenen so angelegt ist, auch hier möglichst große Zahlen zu erzeugen, ist bekanntlich längst verbrieft.

Noch im Späsommer 2021 hatte etwa England jeden als Corona-Toten erfasst, der irgendwann ein positives Testergebnis hatte. Nach heftiger Kritik wurde dies geändert, allerdings war das Ziel maximaler Panik da ohnehin längst erreicht. Seither fällt in die Corona-Sterbestatistik der britischen Gesundheitsbehörde jeder Verstorbene, der in den letzten 28 Tagen vor seinem Tod positiv getestet worden war – egal, ob mit Symptomen oder nicht. Viel weniger fragwürdig ist dies nicht. Die offizielle Zahl der Corona-Sterbefälle soll dadurch um bis zu 40% überzeichnet sein. Nirgends wird akkurat gezählt, überall sind die offiziellen Zahlen viel zu hoch, schon allein, weil zwischen „an“ und „mit“ nicht unterschieden wird. Stets geht es darum, alles viel größer aussehen zu lassen als es ist.

Interessanterweise bemühen sich dieselben Verantwortlichen an anderer Stelle, die Fallzahlen kleinzureden: Ein Blick ins Zentralregister der Europäischen Arzneimittel-Agentur gäbe tatsächlich Anlass zur Panik, würden dabei die Maßstäbe des Corona-Zahlenwerks angelegt. Hier gehört allerdings die empörte Zurückweisung jeglicher kritischen Nachfrage zur Staatsräson, obwohl sich in einigen Bereichen die Größenordnungen der Fallzahlen von denen kaum unterscheiden, die man beim Virusgeschehen zur Panikmache nutzt. Auch die Tatsache, dass durch Fehlanreize und Versäumnisse der Politik immer weniger Intensivbetten zur Verfügung stehen, taugt durchaus für Panikattacken. Das ist für Lieschen und Michel aber dann wohl schon zu viel der Mathematik.

Klimagipfel „COP26"
Das programmierte Scheitern der Heuchler

Mehr als zwei Wochen lang versammelte sich im schottischen Glasgow alles, was Rang und Namen hat, zur 26. UN-Klimakonferenz. Jeder durfte ans Mikrofon, der das Wort Weltuntergang fehlerfrei auszusprechen vermochte, in welcher Sprache auch immer. Der Clou blieb den Veranstaltern jedoch versagt: Die Queen musste passen. Nur allzu gerne hätte man das Staatsoberhaupt des Vereinigten Königreichs und immerhin fünfzehn weiterer Staaten als leibhaftiges Testimonial für die eigene Marketingkampagne präsentiert. Mit ihr hatte man gehofft, nicht nur bei den für Steuererhöhungen wenig zu begeisternden Briten der grünen Ideologie Dynamik zu verleihen, sondern auch in den abgelegensten Regionen der Erde, in Belize ebenso wie in St. Lucia oder auf Tuvalu.

Doch auch ohne die Königin zogen die Organisatoren alle Register. Sie ließen sich dabei nicht einmal vom medialen Unbehagen aus der Ruhe bringen, das angesichts der Vorlieben bei der Wahl der Transportmittel zu vernehmen war. Immerhin scheint der überwiegende Teil der Staats- und Regierungschefs zwar seinen Wählern die Kutsche empfehlen zu wollen, Kurzstrecken aber doch lieber per Privatjet zurückzulegen. Soviel Komfort muss für Privilegierte schon sein, Klimawandel hin oder her. Am Ende war es dann wie immer: Auch der 26. Weltklimagipfel war nicht mehr als das Schaulaufen der Heuchler.

Gestartet 1995 in Berlin (wo sonst, als in der Wiege des institutionalisierten Klimatotalitarismus), fand die 26. Auflage der „Conference of the Parties" als Präsenzveranstaltung statt. Abgesehen davon, dass derartige Menschenaufläufe so gar nicht zur globalen Corona-Panik passen wollten, bestand der Anachronismus vor allem darin, dass man in Zeiten weltweit etablierter Videokonferenzen rekordverdächtige Emissionen ausstieß, um die eigene Eitelkeit zu befriedigen und propagandataugliche Bilder zu erzeugen. So durfte also nach Herzenslust CO_2 produziert werden, mehr womöglich, als es ganz Glasgow in einem Jahr zu schaffen in der Lage wäre. Alles für das höhere Ziel.

Wen kümmert schon die Bigotterie der Gelehrten, wenn sie uns doch die Erlösung bringen? Wer wollte die Privilegien jener Erleuchteten infrage stellen, die uns vor der Apokalypse retten? Gebt ihnen, was sie brauchen, denn sie führen uns ins Licht. Klingt verrückt? Für den Durchschnittsbürger reicht es. Der ist den Rattenfängern schon vor langer Zeit auf den Leim gegangen. Wenn ihre medialen Trompeten hierzulande Punkt 20 Uhr ihr allabendliches Konzert anstimmen, sitzt er vor der Mattscheibe und feiert sich für seine Bereitschaft, noch einen Tick mehr zu geben als verlangt, damit er bloß nicht mit einem achtlos im Restmüll entsorgten Strohhalm zum Untergang der Antillen beitrage, die im Plastik der Weltmeere zu versinken drohen. Oder waren es die Kanarischen Inseln? Moment, war es überhaupt Plastik, oder war da nicht was mit Feinstaub? Sei's drum, retten ist immer gut.

Dass es den Protagonisten trotz aller martialischer Sprüche und absurder Kausalketten so ernst dann doch nicht ist, wäre eigentlich leicht zu durchschauen. Wer ernsthaft etwas für einen lebenswerteren Planeten tun wollte, sollte sich diejenigen vorknöpfen, die gar kein Interesse daran haben, etwas zu ändern. Wir sind deutlich über den Punkt hinaus, an dem weitere Verschärfungen und Verbote einen messbaren Zusatznutzen entfalten, solange Asien nicht mitmacht und Afrika derart schnell wächst. Der rasant steigende Energiebedarf der Entwicklungs- und Schwellenländer und die mit der dortigen Wohlstandssteigerung verbundene Belastung für die Umwelt machen die Selbstbeschränkungen der westlichen Hemisphäre zur Farce.

Dabei wird die Frage, wie stark der Mensch denn wirklich zum Klimawandel beiträgt, gar nicht mehr diskutiert. Es geht nur noch darum, den vermeintlich drohenden Untergang zu verhindern, koste es, was es wolle. Für eine saubere Umwelt kann jeder von uns sehr viel tun. Jeden Tag. Die Klimaindustrie könnte auf diese Weise aber weder Milliarden verdienen, noch mächtige Organisationen etablieren. Sie braucht die Erzählung vom anthropogenen Klimawandel. Sie braucht durchchoreografierte Gipfel und weinende Priester, die sich selbst kasteien, weil sie den Göttern zu wenige Opfer dargebracht haben. Dabei ist das Scheitern von Klimagipfeln der Schlüssel zur Sicherung ihrer Macht. Die „COP" wird eine wilde CO_2-Party bleiben, bei der zwar alle verkatert nach Hause gehen, aber gierig fordern, die Dosis beim nächsten Mal zu erhöhen.

Unheilvolle Signale
Kommt der Schrecken Europas erneut aus Österreich?

Über einen Mangel an totalitären Phantasien kann man in Deutschland nun wahrlich nicht klagen. In vielen Lebensbereichen hat der Totalitarismus Einzug gehalten, was vor allem daran liegt, dass zahlreiche Gesetzesvolten sämtliche Schutzmauern eingerissen haben, die von den Vätern des Grundgesetzes errichtet worden waren. Eine immer drastischere polit-mediale Rhetorik hat die letzten Dämme brechen lassen. Es gilt heute als Bürgerpflicht, Kritiker staatlicher Maßnahmen und Zweifler offizieller Verlautbarungen mit Hass und Hetze zu überziehen. Das war schon in der Zuwanderungsdebatte so, und auch die „Holy Church of Global Warming" ist nicht zimperlich, wenn es jemand wagt, sich ihren Dogmen entgegenzustellen.

Dass es noch schlimmer geht, beweisen unsere österreichischen Nachbarn: Das Corona-Regiment trägt dort immer demokratiefeindlichere Züge. Seit Februar 2022 gilt eine generelle Impfpflicht. Kein österreichischer Bürger kann dem Gesundheitstotalitarismus nun mehr entkommen, es sei denn durch eine Flucht ins Ausland. Deutschland ist dabei allerdings weniger zu empfehlen, werden doch auch hierzulande die letzten Bastionen des Grundgesetzes bald fallen. Die Impfpflicht gilt bereits für bestimmte Berufsgruppen. Bei allen anderen versucht man es noch mit gesellschaftlicher Ausgrenzung, finanzieller Bestrafung und Kriminalisierung. Das Ganze gleicht einer Hexenjagd.

Frank Ulrich Montgomery trieb die Beschimpfungen auf die Spitze. Eine „Tyrannei der Ungeimpften" wollte der Chef des Weltärztebundes ausgemacht haben, ausgerechnet also jener Menschen, die niemandem etwas antun und sich lediglich nicht gegen das Corona-Virus impfen lassen. Warum gerade sie die Tyrannen sein sollen und nicht diejenigen, die ihnen unverhohlen drohen, sie erpressen und zum öffentlichen Abschuss freigeben, bleibt Montgomerys Geheimnis. Die Orwellsche Dialektik, mit der immer mehr Begriffsdefinitionen in ihr Gegenteil verkehrt werden, ist jedenfalls atemberaubend. Seine Pendants aus der führenden Politik stehen dem Vorsitzenden der Weltärzteschaft allerdings in nichts nach.

Bayerns Ministerpräsident Markus Söder zeigte sich dabei immer enthemmter. Für ihn hatte Bundestagsvize Wolfgang Kubicki keine freundlichen Worte übrig. „Charakterlos und menschlich erbärmlich" sei Söders Corona-Kurs. Noch härter ging er mit Montgomery ins Gericht, den er als „Saddam Hussein der Ärzteschaft" titulierte, wofür er sich später freilich entschuldigte. Die Stimmung ist aufgeheizt, und einmal mehr ist es gerade die Politik, die die Spaltung befeuert – ein vertrautes Muster aus der Zuwanderungs- und Klimadebatte. Schon jetzt ist absehbar, dass die politischen Weichenstellungen der „Ampel"-Koalition Feuer an die glimmenden gesellschaftlichen Lunten legen werden. Die Grünen haben jedenfalls mitgeteilt, dass sie über ihre Dogmen nicht mehr verhandeln werden. So geht Totalitarismus.

Unterdessen schlug Österreichs Staatsoberhaupt Alexander Van der Bellen ein unrühmliches Kapitel auf: Menschenrechte gibt es zwar auch in seiner Vision vom europäischen Neo-Totalitarismus, doch nicht mehr uneingeschränkt. Wäre ja noch schöner, wenn sich die Politik ihren Demokratieabbau von ewigen Zweiflern, renitenten Nörglern und – Gott bewahre! – unsolidarischen Impfverweigerern kaputt machen ließe. Van der Bellen belehrte seine Landsleute, dass von nun an Menschenrechte ohne „Menschenpflichten" nicht mehr zu haben seien. So einfach ist das. Der Kniff markierte einen neuen Tiefpunkt auf dem Weg in die Willkürherrschaft, bei der die sogenannte politische Elite Bedingungen stellt, unter denen sie Grund- und Freiheitsrechte gewährt. Eine solche Verlautbarung wäre noch vor zwei Jahren in einer europäischen Demokratie unvorstellbar gewesen. Mit Corona geht alles.

Nach der ununterbrochenen Panikmache in einer generalstabsmäßig inszenierten Kampagne will die Mehrheit inzwischen genau das, um die Umgeimpften zu maßregeln. Es soll unsolidarisch sein, eine Infektion zu riskieren, weil man das Gesundheitswesen in Bedrängnis bringe. Wenn wir schon dabei sind: Ist es nicht total unsolidarisch, sich fett zu fressen, sich regelmäßig volllaufen zu lassen oder sich die Lunge kaputt zu qualmen, wie das bei vielen der Schreihälse der Fall ist, die auf einmal um ihre Gesundheit fürchten? Der Spieß könnte sich irgendwann umdrehen. Das sollten die Hetzer bedenken, die nun ihren Hass so ungeniert ausleben.

Salzburg ohne Sightseeing
Seltsame Widersprüche und interessante Erkenntnisse

Reisen bildet. Schon Mark Twain wusste: „Man muss reisen, um zu lernen." Und so bin auch ich mit vielen Eindrücken und Erkenntnissen aus Salzburg zurückgekehrt. Manches blieb mir verwehrt, etwa der Restaurantbesuch zum Genießen der österreichischen Spezialitäten oder der vorweihnachtliche Bummel durch die malerische Altstadt. Tristesse überall, was nicht am nasskalten Wetter lag, das für die Jahreszeit üblich ist. In Österreich herrschte Lockdown. Für alle und rund um die Uhr. Als Übernachtungsgast hätte ich nicht einmal ins Land gedurft, es sei denn, ich wäre privat untergekommen. Hotelbuchungen waren nämlich nur in Ausnahmefällen gestattet.

Als „systemrelevanter Schlüsselmitarbeiter" konnte ich die Hürde nehmen. Ein österreichischer Fernsehsender hatte dafür gesorgt. The show must go on! Alles lief reibungslos – vom Frankfurter Check-In bis zur Ankunft in Salzburg. Es reichte der Nachweis, „durchgeimpft", im letzten halben Jahr genesen oder frisch getestet zu sein, per PCR-Test natürlich. „2,5-G-Regel" nennt man dies bei unseren Nachbarn, wobei sich mir die dahinterliegende Rechenoperation zur Ermittlung der Nachkommastelle bis heute nicht ganz erschließen will. Einmal angekommen, bemühten sich die freundlichen Beamten möglichst unaufdringlich zu agieren. Anders als manche ihrer deutschen Kollegen, verzichteten sie auf inquisitorische Penetranz.

Der Grund meines Kurztrips war eine Einladung in den „Talk im Hangar-7" bei Servus TV. Natürlich hatte ich sofort zugesagt – es passiert selten, dass man live in einer Runde zu Wort kommen kann, die mehr Ausgewogenheit bietet als die üblicherweise zu beklagenden Talkshows, in denen „Meinungsabweichler" als Prellböcke dienen und nicht als gleichberechtigte Diskussionsteilnehmer. Allerdings erinnerte ich mich auch daran, dass SAT.1 mich mal ein- und kurz darauf wieder ausgeladen hatte, weil die Redaktion nach eingehenderer Beschäftigung mit meinem Wirken wohl Sorge hatte, ich könnte vor laufender Kamera am Ruf der Deutschen Umwelthilfe kratzen. Das wollte man angesichts der damals noch im Aufbau befindlichen Klimadoktrin tunlichst vermeiden.

Anders Servus TV: Hier sind offene Debatten erwünscht. Zwar geriet der Live-Talk zu einer für meinen Geschmack zu intensiven Beschäftigung mit epidemiologischen Feinschmeckereien, doch gelang es mir, das eine oder andere Narrativ ins Wanken zu bringen, ohne von verfassungsrechtlicher oder virologischer Seite widerlegt zu werden. Die Widersprüchlichkeiten der Corona-Politik und die fehlende Bereitschaft zur Hinterfragung des Impfimperativs traten jedenfalls zutage. Es hätte sich noch einiges mehr sagen lassen, so etwa, dass die vermeintlich unabhängige Europäische Arzneimittel-Agentur laut LobbyControl zu 86% von Firmen des Pharmabereichs finanziert wird und dass das Zahlenmaterial von DIVI und RKI die Aussage einer „Pandemie der Ungeimpften" als Unsinn entlarvt.

Von den Verfechtern des Impfens hätte man sich Antworten auf die Fragen gewünscht, wie sie denn die fehlende Korrelation von Impfquote und Infektionsgeschehen, die beachtliche Zahl der „Impfdurchbrüche" oder die prallgefüllten Datenbanken der Impfschäden erklären. Dass eine allgemeine Impfpflicht – und um die ging es ja – verfassungsrechtlich nicht haltbar ist, wurde immerhin deutlich, allen totalitären Scharfmachern zum Trotz. A propos Totalitarismus: Was von vielen übersehen wird, ist der Fakt, dass totalitäre Strömungen sich immer zuerst der Sprache bemächtigen. Da werden Ungeimpfte zu Tyrannen erklärt und Menschen, die vor einem Eingriff in ihre körperliche Unversehrtheit Antworten auf drängende Fragen fordern, für den Tod von Mitbürgern verantwortlich gemacht. Das ist bereits Totalitarismus. Dazu kommen die willkürlichen Maßnahmen einer repressiv handelnden Staatsgewalt.

Für meine Rückreise musste ich ein neunseitiges Online-Formular ausfüllen, weil ich mich genau 30 Minuten zu lange in Österreich aufgehalten hatte. Wer weniger als 24 Stunden bleibt, den kriegt das Virus nicht. Corona kann offenbar die Uhr lesen. Respekt. Zurück in Deutschland, wollte allerdings niemand meinen „3-G-Nachweis" sehen, und auch die mit viel Liebe ausgefüllte „Einreiseanmeldung" war für die Katz'. Die „gefährlichste Pandemie seit der Spanischen Grippe" hatte an jenem Freitagnachmittag in Frankfurt früh Feierabend. Das Virus besteht auf ein pünktliches Wochenende – eine Erkenntnis, die ich ohne meine Reise nicht gewonnen hätte. Das lässt doch hoffen.

Gottloses Weihnachtstheater
Das böse Schauspiel der unchristlichen Gnadenlosen

Sie haben es eiskalt durchgezogen, und das kurz vor dem Weihnachtsfest. Nachdem das Grundgesetz über zwanzig Monate lang sturmreif geschossen worden war, wurde die dauerhafte Einschränkung der Grundrechte endgültig besiegelt. Nur wenig mehr als zwei Stunden waren für das Theaterstück in zwei Akten veranschlagt, an dessen Ende der Bundestag am 10. Dezember 2021 für den gesetzlichen Zwang zur Corona-Impfung für bestimmte Berufsgruppen stimmte.

Seit jeher ist die Weihnachtszeit für die vielen Menschen schwierig, die an den Feiertagen die Einsamkeit besonders spüren. Zur staatlich verordneten Einsamkeit, die einmal mehr Familien daran hinderte, so zusammenzukommen, wie sie möchten, und zur staatlich verordneten Erschwernis bei der Begleitung Schwerkranker oder Sterbender kam im Advent 2021 die traurige Erkenntnis, dass die ersten zwanzig Artikel unseres Grundgesetzes nach sieben Jahrzehnten nicht mehr mit derselben unumstößlichen Selbstverständlichkeit gelten, wie dies für Generationen der Fall war. Die Väter des Grundgesetzes dürften heftig im Grab rotieren. So verzweifelt die Verteidiger der Bürgerrechte auch protestierten – es ist beschlossene Sache: Der Impfzwang für das Personal in Gesundheits- und Pflegeberufen ist da. Seit dem 15. März 2022 steht die Weigerung, sich eine Corona-Spritze setzen zu lassen, unter Strafe.

Der Schutz des zweiten Grundgesetzartikels, der die Bürger vor staatlichen Eingriffen in ihre körperliche Unversehrtheit bewahren soll, gilt nicht mehr für alle. Behauptungen genügen, wo einst nur mit erdrückender Faktenlage gesetzliche Beschränkungen eine Chance gehabt hätten. Nicht einmal mehr eine nationale Notlage muss offiziell noch festgestellt werden. Das Ganze geschieht mit eben jener Chuzpe, mit der kritische Nachfragen zur Legitimation und Legalität ins Reich rechter Hetze verbannt werden. Die Kritiker mögen noch so renommiert sein, über jeden Zweifel erhaben bisher, ihr Wort hat keinerlei Gewicht mehr, wenn es sich gegen den staatlich verordneten Zwang richtet.

Aus der Klimadogmatik kennen wir das nur zu gut. Kein Wissenschaftler, der das Narrativ des menschengemachten Klimawandels durch Fakten einer Debatte zu öffnen versucht, darf je wieder darauf hoffen, Forschungsgelder zu erhalten oder in den durch und durch politisierten Fachgremien auch nur annähernd gleichberechtigt mitreden zu können. Endzeitsekten haben das Regiment übernommen. Ihre Macht stützen sie auf eine gewaltige Zahl an Mitgliedern, die sie mithilfe immer radikaler formulierter Apokalypseerzählungen rekrutieren und die in der Zugehörigkeit zur Sekte die Erlösung suchen. In ihrer Hysterie betrachten die Sektenanhänger jeden als Feind, der sich ihnen nicht anschließt. Sie erledigen die Arbeit ihrer Herren, indem sie unablässig nach schärferen Regeln, neuen Verboten, mehr Zwang und härteren Strafen verlangen.

Zu panisch, zu verblendet, zu berauscht von dem erlangten Zipfel Macht sind die Helfer des Bösen, um die Konsequenzen ihres schädlichen Tuns zu erkennen. Die Architekten der „Schönen Neuen Welt" verweisen unterdessen feixend darauf, es könne sich ja an das Verfassungsgericht wenden, wer die Rechtmäßigkeit ihrer Gesetze bezweifle. Sie wissen, dass das Unterfangen aussichtslos ist, und zwar nicht etwa, weil sie sich der Verfassungsmäßigkeit sicher sind, sondern weil sie darauf vertrauen können, dass das höchste deutsche Gericht inzwischen nicht mehr die Verfassung vor der Politik schützt, sondern die Politik vor der Verfassung.

Zwar schlug sich das Bundesverfassungsgericht bei seiner Entscheidung zum „Klimaschutzgesetz" im April 2021 tatsächlich einmal auf die Seite der klagenden Bürger, doch hatten diese nicht etwa mehr Freiheitsrechte eingefordert, sondern mehr Grundrechtseinschränkungen. Für so etwas scheint Karlsruhe in diesen Zeiten leicht zu haben. Und die Politik freut es. Der übergriffige Staat breitet sich aus – unter dem millionenfachen Jubel der Vollkaskojunkies, die nicht begreifen, was sie anrichten. Künftig sind selbst drastische Freiheitseinbußen zum angeblichen Schutz der Gesundheit oder des Klimas höchstrichterlich legitimiert. „Wir haben doch von nichts gewusst", werden die Anhänger des Errettungskults schluchzen, wenn sie am eigenen Leib spüren, dass der Totalitarismus auch für seine Gehilfen keine Gnade kennt. Niemand wird verschont bleiben. Nicht einmal zur Weihnachtszeit.

Genderstreit im Fernsehrat
Das ZDF beugt sich einer radikalen Minderheit

Im ZDF-Fernsehrat herrscht Streit. Im höchsten Gremium des öffentlich-rechtlichen Senders, das die Einhaltung der Programmrichtlinien sowie der im Rundfunkstaatsvertrag aufgestellten Grundsätze überwachen soll, ist eine hitzige Diskussion über das Gendern entbrannt. Ende 2021 drohte die Lage gar zu eskalieren, nachdem mehrere Gremienmitglieder Intendant Thomas Bellut aufgefordert hatten, eine „Leitungsentscheidung" zu treffen, um dem Treiben ein Ende zu bereiten. Der sitzt in der Zwickmühle, hat er doch die links-grüne Front nicht nur im Fernsehrat gegen sich. Auch mächtige NGO-Lobbyisten üben mittels ihrer verlängerten Arme in der Politik Druck aus.

Seit das Gendern beim ZDF mehr und mehr Einzug hält, regt sich auch in der Bevölkerung Unmut. Eine deutliche Mehrheit lehnt den Unfug ab, der es nicht nur schwieriger macht, das Gesprochene zu verstehen, sondern der Hälfte der Befragten auch überhaupt nicht wichtig ist. Dass 71% vom Gendern nichts halten, hat das ZDF in seinem „Politbarometer" höchst selbst herausgefunden. Die Abfuhr des Publikums führte allerdings nicht dazu, dass sich die Verantwortlichen dazu durchringen konnten, ihren Moderatoren und Studiogästen die Rückkehr zu gesellschaftlichen Gepflogenheiten zu empfehlen. Und so wird die deutsche Sprache auch weiterhin mit seltsamen Sprechpausen und wilden Wortverrenkungen verunstaltet.

„Journalisten sollten nicht missionieren", brachte Fernseh-rat-Mitglied Steffen Hörtler das unselige Treiben auf den Punkt. Und genau da liegt das Problem. Journalisten verstehen sich heute überwiegend als Apostel, die ihr Publikum aufdringlich zur „richtigen" Haltung führen wollen. Was sich jahrelang auf die Nutzung bestimmter Schlüsselbegriffe beschränkte, hat seinen Weg in den Fetisch ungelenker Wortschöpfungen gefunden. Das Sprach-Tourette soll Zuhörer zwingen, sich einem radikalen Gleichheitsanspruch zu unterwerfen, der immer wieder die absurdesten Blüten treibt. Von „KinderInnen" bis „Frauschaft" begegnen uns mittlerweile angeblich geschlechtergerechte Formulierungen, für die man den Urhebern vor kurzem noch professionelle Hilfe zur Therapierung empfohlen hätte.

Der Kampf gegen Orthografie und Grammatik ist zum Erkennungszeichen einer gesellschaftlichen Minderheit geworden, die sich über die gemeinsame Abkehr von sprachlichen Normen definiert und sich deshalb für höchst progressiv hält. Der Gleichberechtigung nutzt dies allerdings gar nichts. Wie alle sektenhaft agierenden Randgruppen, merken auch die Genderer nicht, dass sie Menschen gegen ihr Anliegen aufbringen, wenn sie ihnen den zwanghaften Gebrauch ihrer Kunstsprache aufnötigen. Niemand möchte sich missionieren lassen, wenn Nachrichten überbracht, Diskussionen geführt oder auch nur Fußballübertragungen kommentiert werden. Selbst in Unterhaltungssendungen versuchen eingefleischte Sprachpanscher inzwischen, ihren Fetisch als Normalität zu etablieren.

Die Diskussion im ZDF-Fernsehrat wird auch 2022 nicht verstummen. Zu verhärtet sind die Fronten, zu kontrovers stehen sich die Positionen gegenüber. Verordnen will Intendant Bellut seinen Mitarbeitern das Gendern immerhin nicht. In Zeiten, in denen allenthalben die Verrücktheit regiert, ist dies bereits eine gute Nachricht. Warum sich aber ein Sender zu mehr nicht imstande sieht, der seinen Angestellten ansonsten eine Fülle von Verhaltensregeln vorschreibt und schon bei der Einstellung auf die „richtige" Gesinnung und eine politisch korrekte Haltung achtet, ist eine Frage, die sich wohl nur so beantworten lässt, dass eine radikale Minderheit das Sagen hat.

Die Gender-Diskussion im ZDF und ihr Ausgang werfen ein Schlaglicht auf die gesellschaftliche Schieflage in einem Land, in dem lautstarke Kleingruppen über ihre erdrückende, aber alles andere als repräsentative Dominanz in den Redaktionen und Medienagenturen mit dem unerschütterlichen Selbstverständnis der eigenen moralischen Überlegenheit alle vor sich hertreiben. Sie haben sich die Politik zum Gefangenen gemacht, wobei erst ihr Marsch durch die Institutionen bis in höchste politische Gremien den Weg geebnet hat. Als Gesellschaft sollten wir Sprachextremisten mit Nichtachtung strafen, wenn sie uns über die Medien heimsuchen, und sie mitfühlend nach ihrem Befinden fragen, wenn sie uns persönlich begegnen. Lassen wir sie wissen, dass sie uns leid tun, weil ihr Leben ihnen offenbar so wenig zu bieten hat, dass sie uns belästigen müssen, um ein wenig Aufmerksamkeit zu erhalten.

Kriminalisierung, Ausgrenzung, Zensur
Der Kampf der Regierenden gegen die Demokratie

Leben wir noch in einer Demokratie? Überlegen Sie gut. Die Frage ist nicht so banal wie sie klingen mag. Was definiert überhaupt eine Demokratie? Für Medien und Politik ist die Sache klar. Sie offenbaren dabei eine orwellsche Dialektik, die dem Schöpfer von „1984" heute das Blut in den Adern gefrieren ließe. Der polit-mediale Apparat feiert die orchestrierte Verfolgung Andersdenkender und die Bevorzugung ausgewählter gesellschaftlicher Gruppen als Meilensteine einer gereiften Demokratie. Die Wehrhaftigkeit wird beschworen, wenn Menschen diskriminiert werden sollen, die sich den Staatsdogmen nicht anschließen. An die „Zivilgesellschaft" wird appelliert, wenn man trotz aller Propaganda bei Millionen auf Granit beißt.

Dann werden die schlagkräftigen Truppen aktiviert, die mit viel Steuerzahlergeld und dem Mantra vom „Kampf gegen Rechts" aufgebaut worden sind. Auch im „Kampf gegen Klimaleugner" und im „Kampf gegen Impfverweigerer" kommen sie zum Einsatz, um regierungskritische Ansichten zu verdammen. Da werden Zweifler am menschlichen Haupteinfluss auf den Klimawandel in Polit-Talks schnell mal zu Reichsbürgern, die bis an die Zähne bewaffnet aus ihrer Prepper-Kammer den Umsturz planen. Gegner eines Impfzwangs werden zu staatsgefährdenden Subjekten, die man besser einsperrt, um Schaden von der Volksgesundheit abzuwenden.

Machen wir uns nichts vor: Die Demokratie wankt. Daran tragen die politischen Anführer in der einst „Freien Welt" Schuld, die im Zusammenspiel mit ihren staatlichen Medien das altrömische Prinzip des „Teilens und Herrschens" perfektioniert haben. Dass vom UN-Generalsekretär über den Chef des „Weißen Hauses" bis zum deutschen Bundespräsidenten vehement zur Verteidigung der Demokratie aufgerufen wird, ist ein Treppenwitz. Die Protagonisten der staatlich organisierten Spaltung verspotten uns. Sie führen uns inzwischen täglich vor Augen, wie gering sie die Grundrechte schätzen, wie wenig sie sich für demokratische Prozesse interessieren und wie konsequent sie ihre Macht zu verteidigen bereit sind.

In einer Welt, in der die Herrschenden sich immer professioneller organisieren und in der ihnen Propagandakanäle und finanzielle Mittel in geradezu unvorstellbarer Fülle zur Verfügung stehen, ist die Schlacht um die Niederschlagung des Souveräns in ihre entscheidende Phase getreten. Die Regierenden brauchen kein Volk mehr, jedenfalls keines, das sie wählt. Und sie wollen schon gar keins, das ihnen anschließend die Suppe versalzen könnte. Dafür sind sie entschlossen, sämtliche „roten Linien" aufzugeben, wie uns der frisch gekürte Bundeskanzler Olaf Scholz drohte. Wir erinnern uns, dass seine Vorgängerin 2005 verlauten ließ, wir hätten „wahrlich keinen Rechtsanspruch auf Demokratie". Auf eine ausgewogene Berichterstattung und ein unabhängiges Bundesverfassungsgericht ganz offensichtlich auch nicht.

Als US-Präsident Joe Biden bei seinem „Gipfel für Demokratie" die Stärkung unabhängiger Medien beschwor, klang dies nicht nur für deutsche Ohren wie Hohn. Die Farce, zu der politische Anführer aus über 100 Ländern per Videokonferenz geladen worden waren, glich ohnehin eher einem Griff in die Mottenkiste des „Kalten Krieges" als dem ernsthaften Bemühen zur Erneuerung des Demokratiegedankens. Vielsagend war die Zusammenstellung des Teilnehmerkreises, dem nicht nur Staats- und Regierungschefs angehörten, wie man es auf dieser Ebene erwarten sollte, sondern auch sogenannte Zivilgesellschaftsexperten. Der Begriff zeigt ebenso wie die Teilnahme der „Aktivisten", wie sehr sich die Politik mit „Nichtregierungsorganisationen" verbündet hat, die das Gegenteil von dem sind, was sie vorgeben zu sein.

Sie definieren, was Demokratie ist. Ihr langer Arm reicht längst bis in die Parlamente ehemals freier Gesellschaften und erst recht tief in die supranationalen Organisationen hinein, von der UN über die WHO bis zur EU. Dort wird festgelegt, wer teilnehmen darf am gesellschaftlichen Diskurs und wer außen vor bleibt. Das gilt auch für die Besetzung der höchsten Staatsämter, bei denen sich ein „Betriebsunfall" wie 2016 in den USA nicht wiederholen soll. Immer ungenierter wird an den demokratietragenden Pfeilern gesägt, immer stärker gerät die Freiheit unter Druck. Die Regierenden haben der Demokratie schon so manche Niederlage zugefügt. Die bange Frage lautet nun: Gewinnen Sie auch die finale Schlacht? Es ist zu befürchten.

Zwei Jahre Corona
Eindringliche Worte an die Adresse der Diskursfeinde

Staat und Gesellschaft sind in eine gefährliche Schieflage geraten, in der die totale Fokussierung auf die Verhinderung der Infektion mit einem Virus alles zu rechtfertigen scheint, auch die immensen Kollateralschäden, die damit einhergehen. Für diesen Befund ernte ich nicht nur heftige Kritik, sondern werde auch ganz unverhohlen öffentlich von manchem Journalisten in eine zwielichtige Ecke zu rücken versucht. Als „Corona-Leugner" werde ich regelmäßig von jenen bezeichnet, die keine Argumente mehr dulden. Diese Zuschreibung ist natürlich kompletter Unsinn. Tatsächlich leugne ich die Existenz und Gefährlichkeit einer Covid-19-Erkrankung keineswegs.

Seit Beginn der Corona-Krise plädiere ich dafür, vulnerable Gruppen besser zu schützen und Maßnahmen zielgerichteter auf ältere und vorerkrankte Menschen zuzuschneiden. Von Leugnen kann nicht im Entferntesten die Rede sein. Ich selbst habe die Corona-Infektion hinter mir und möchte sie nicht unbedingt noch einmal erleben, wie übrigens keine Erkrankung. Ich kann dankbar dafür sein, über ein robustes Immunsystem zu verfügen, das die Infektion schnell in den Griff bekommen hat und ohne Folgeschäden ausheilen ließ. So viel zur Frage, wie ich über eine Covid-19-Erkrankung denke. Ich halte es für richtig, Risikogruppen davor zu schützen. Ich kritisiere hingegen die Corona-Politik, weil sie offenkundig gescheitert ist.

Warum diskreditieren oder kriminalisieren offizielle Stellen in unserem Land Menschen, die sich nichts weiter zuschulden kommen lassen, als die öffentliche Debatte mit Gegenpositionen zu bereichern? Wieso werden jene so erbittert einzuschüchtern, auszugrenzen und persönlich zu beschädigen versucht, die doch lediglich fordern, die politischen Maßnahmen und die Berichterstattung differenzierter anzulegen? Warum muss man sich dafür rechtfertigen, seine Grundrechte in Anspruch nehmen zu wollen? Wer Menschen für ein Problem hält, weil sie totalitäre Entwicklungen beklagen, ist vielleicht selbst das Problem.

Die Begriffe der Diffamierung sprechen eine eindeutige Sprache. Dazu gehört auch die abwertende Bezeichnung des „Impfverweigerers". Was soll diese Herabwürdigung von Mitmenschen, die sich nicht für die prophylaktische Verabreichung einer Substanz entscheiden wollen, für die sie nach reiflicher Abwägung keinerlei Notwendigkeit erkennen können? Wir wissen längst, dass die sogenannte Corona-Schutzimpfung eine Infektion oder Übertragung nicht verhindern kann. Sie ist dennoch nicht völlig unsinnig. Immerhin zeigen die Daten, dass sie in den ersten Monaten nach Verabreichung schwere Krankheitsverläufe verhindern kann. Dies ist eine wunderbare Erkenntnis für Menschen mit angegriffener Gesundheit. Das sollte genügen. Stattdessen werden unsolidarische Ungeimpfte erfunden und Menschen verteufelt, die lieber noch abwarten. Warum nicht mit der guten Nachricht werben, dass der Selbstschutz für eine gewisse Zeit Beruhigung verschafft?

Es ist die Kommunikation, die viele Kritiker des Corona-Kurses anprangern. Wir sehen Drohungen, Erpressungen, Einschüchterungen, Diffamierungen und Ausgrenzungen statt ehrlicher Aufklärung und schlüssiger Statistiken. Wer jedoch Zahlen verschweigt, Realitäten verzerrt oder gar beim Schummeln erwischt wird, der verliert das Vertrauen der Menschen. Wer Zwang ausübt, statt zu überzeugen, wer aufdringlich blinde Gefolgschaft einfordert, wer Kritiker zu Leugnern stempelt, der verlässt den Boden des sachlichen Diskurses. Dass sich immer mehr Bürger gegen diese Art der Politik wehren und sich die Fronten weiter verhärten, das haben die politisch Handelnden zu verantworten, und mit ihnen die vielen Redakteure, die Andersdenkende immer unverblümter zum Freiwild erklären.

Die scharfe Rhetorik, die von der polit-medialen Kaste in Talkshows, Pressekonferenzen und Zeitungsinterviews an den Tag gelegt wird, ist der wahre Ansatzpunkt für das befürchtete „Kippen" unserer Gesellschaft. Wenn sich politische Amtsträger in Sonntagsreden um die Demokratie sorgen, sollten sie sich fragen, wie groß ihr eigener Beitrag ist. Diejenigen, die zu einer nüchternen Bestandsaufnahme fähig sind, werden nicht umhin kommen festzustellen, dass die radikale Einteilung der Bevölkerung in gute, weil regierungstreue, und schlechte, weil kritische Bürger, der eigentliche Grund dafür ist, dass wir heute um die Stabilität unserer freiheitlich-demokratischen Grundordnung fürchten müssen. Corona hat dieses, seit geraumer Zeit schwelende Symptom gnadenlos offengelegt.

„Floskel des Jahres"
Ein linkes Netzprojekt und seine Hintergründe

Die „Floskel des Jahres", ein von den Journalisten Sebastian Pertsch und Udo Stiehl vergebener „Preis", hat sämtliche Leitmedien zum Jahresauftakt 2022 beschäftigt. Der Kür vorausgegangen waren Vorschläge der Leser des im Jahr 2014 gegründeten Projekts „Floskelwolke", mit dem Pertsch und Stiehl in den Sozialen Netzwerken unterwegs sind. Die private Initiative verfolgt das Ziel, auf manipulative Nachrichtensprache aufmerksam zu machen. Dafür wird täglich eine vierstellige Zahl deutschsprachiger Medienseiten durchforstet.

Angeprangert wird ein breites Spektrum journalistischer Unzulänglichkeiten, von Standardfloskeln bis zu Formulierungen, „die Zusammenhänge verschleiern, Sachverhalte beschönigen oder Meinungen beeinflussen". 2015 gab es dafür sogar den Günter-Wallraff-Preis für Journalismuskritik. Zunehmend scheint sich aber vor allem Pertsch von den hehren Gründungszielen zu entfernen und sein Augenmerk lieber auf all jene zu richten, die er für „rechts" hält. Gerne gibt der „Urberliner" per Twitter auch schon mal Tipps zur „Enttarnung rechter Hasstrolle", mit denen er in den Sozialen Netzwerken die direkte Konfrontation sucht. Dabei agiert Pertsch nicht zimperlich. Offenbar haben allerdings die wenigstens Opfer seiner Beleidigungen die Mühe auf sich genommen, Anzeige zu erstatten, vielleicht auch, weil sie um die Aussichtslosigkeit wissen.

Den öffentlich-rechtlichen Rundfunk scheint derlei Gebaren so wenig zu stören, wie die übrigen Redaktionen. Sie geben Pertsch und seinem Partner eine breite Bühne, um nach „Einzelschicksal" im Jahr zuvor ihre Floskelkür 2021 zur Geltung zu bringen. Die Wahl fiel auf „Eigenverantwortung", womit darauf aufmerksam gemacht werden soll, dass „ein legitimer Begriff von hoher gesellschaftlicher Bedeutung" ausgehöhlt und zum politischen Schlagwort degradiert werde, „fehlgedeutet als Synonym für soziale Verantwortung und gekapert von Impfgegnerinnen und Impfgegnern als Rechtfertigung für Egoismus", wie Pertsch und Stiehl fein gendernd behaupten. Dass derlei in der journalistischen Blase gut ankommt, versteht sich von selbst.

Dass die beiden Projektbetreiber ihre Wahl auch als Kritik an den politisch Verantwortlichen verstanden wissen wollen, die ihrer Meinung nach „der Pandemie inkonsequent entgegenwirken", darf man durchaus so verstehen, dass sie sich noch schärfere Einschränkungen der Grundrechte wünschen. Pertsch und Stiehl stehen für eine Journalistengeneration, die nicht wie ihre Vorgänger für ein Höchstmaß an bürgerlichen Freiheiten eintritt, sondern den starken Staat mit der Vollmacht zur Durchsetzung kollektivistischer Bestrebungen fordert, um den Meinungskorridor auf jene Ansichten zu verengen, die sie für legitim halten. Wer abweicht, soll die Härte der „Zivilgesellschaft" spüren. Diesen Geist versprüht längst auch das „Unwort des Jahres", zu dem nur noch angeblich von „Rechten" missbrauchte Begriffe gekürt werden.

Dass sich mittlerweile ganze Löschkommandos unserer Sprache bemächtigt haben, kann keinem verborgen bleiben. Es hat aber eine neue, weitaus gefährlichere Dimension, wenn Alltagsbegriffe zu Unwörtern erklärt werden, weil sie von den „Falschen", noch dazu in einem nicht genehmen Kontext, verwendet werden. Wer sich für Eigenverantwortung stark macht, wird deswegen nicht zum „Rechten". Es ist befremdlich, jeden zu verdammen, der eigene Anstrengungen fordert, Rechte an Pflichten knüpft oder auch nur darauf hinweist, dass der Einzelne letztlich zu einem gewissen Teil selbst für sein Schicksal verantwortlich ist.

Es gibt ernstzunehmende Gründe, warum Menschen nicht in der Lage sind, Sorge für ein selbstbestimmtes Leben zu tragen. Dazu zählen sämtliche Formen der Behinderung, schwere Erkrankungen, familiäre Umstände, mangelnde Bildung oder auch plötzliche Schicksalsschläge. Doch ein erheblicher Teil derer, die so gerne Forderungen an den Staat richten, ist sehr wohl in der Lage, aus eigener Kraft voranzukommen. Wer den Ruf nach Eigenverantwortung diskreditiert und diese gar zum Kampfbegriff angeblicher „Verschwörungsschwurbler" deklariert, stärkt kollektivistische Strömungen, die keinerlei Interesse an individueller Entfaltung haben. Die Pflicht zur Eigenverantwortung gehört zu den Eckpfeilern einer stabilen Gesellschaft. Dem, der sie einfordert, sollten selbst die beiden Preisverleiher der „Floskelwolke" den Rücken stärken – so schwer ihnen dies bei Andersdenkenden fallen mag.

Herrschende und Beherrschte
Der gefährliche Kontrollverlust des Souveräns

Wann sind wir nur falsch abgebogen? Wie konnte es dazu kommen, dass eine breite Mehrheit es für völlig akzeptabel hält, ja geradezu danach schreit, dass eine kleine Schar Regierender sie drangsaliert, maßregelt und bevormundet? Verstehen Sie mich nicht falsch – ich bin ein Verfechter der repräsentativen Demokratie. Es ist eine der Errungenschaften moderner Gesellschaften, sich Volksvertreter zu wählen, die sich in offenen Debatten um die besten Lösungen bemühen. Doch das ist nur die Theorie. Was wir erleben, ist der Zusammenschluss der Volksvertreter zu einer Gruppe Herrschender, die nur noch die Ausdehnung ihrer Macht über die Beherrschten im Sinn zu haben scheint.

Die Berufspolitik führt ein Eigenleben, in dem jeder als Störer gilt, der sich außerhalb der Ideologien bewegt, die aus den Elfenbeintürmen heraus verordnet werden. Dabei ist es beinahe gleich, wer regiert. Parteien, die versuchen, die Oppositionsrolle auszufüllen, die im Parlamentarismus aus gutem Grund vorgesehen ist, werden an den Rand gedrängt und „unschädlich" gemacht. Dies verhindert einen echten Meinungswettstreit und eine wirksame Kontrolle der Regierenden. Stattdessen kann die um weitere, offiziell nicht regierende Parteien verstärkte Regierung immer ungestörter agieren. Niemand mehr weit und breit, der den Herrschenden noch entgegentreten könnte, weil auch die Gewaltenteilung nicht mehr recht funktionieren will.

Schon Friedrich Dürrenmatt mahnte: „Die Herrschenden müssen bewacht werden, nicht die Beherrschten." Davon sind wir jedoch weit entfernt. Unterstützt von den einst als außerparlamentarische Opposition agierenden Leitmedien, wird eisern darüber gewacht, dass sich die Bürger den offiziellen Narrativen fügen und den Dogmen der Regierenden unterordnen. In einer auf dem Kopf stehenden Welt gilt Dürrenmatts Forderung heute als populistische Parole. Dabei sollte es selbstverständlich sein, dass Menschen, die kraft ihrer Mandate und Ämter Macht über andere ausüben, strenger Kontrolle unterliegen. Wer dies für „rechtspopulistische" Spinnerei hält, steht möglicherweise weniger fest auf dem Boden der freiheitlich-demokratischen Grundordnung als jene, die er abzukanzeln versucht.

Gerade in einer Zeit, in der Einschränkungen wesentlicher Grundrechte gelten, die auch zukünftig immer wieder zur Anwendung kommen werden, muss der Souverän das letzte Wort haben. Dies nicht erst bei der nächsten Wahl, sondern kontinuierlich. Die hierfür gewählten Repräsentanten kommen ihrer Verpflichtung eines freien Mandats jedenfalls nicht mehr nach. Zu schwer lastet offenbar der Druck des Fraktionszwangs auf ihnen, zu groß scheint die Sorge, im Falle der Abweichung künftig nicht mehr auf einem vorteilhaften Listenplatz zu landen. Selbst, wenn Abstimmungen freigegeben werden, trauen sich viele Abgeordnete offensichtlich nicht, auszuscheren. Die Demokratie ist in Gefahr, wenn Volksvertreter nicht mehr das Volk vertreten, sondern nur noch ihre Parteiführungen.

Wir müssen der Verselbständigung der politischen Kaste entgegenwirken. Dazu gehört, die wie Pilze aus dem Boden sprießenden Berater und vermeintlichen Experten denselben Regeln zu unterwerfen, die für Abgeordnete gelten. Nur durch Transparenz lässt sich verlorenes Vertrauen zurückgewinnen. Angesichts der Tatsache, dass inzwischen etwa ein „Expertenrat" maßgebliche gesundheitspolitische Weichenstellungen bis hin zu Grundrechtseingriffen vornimmt, erscheint es sinnvoll, das Mandat der Gremienmitglieder zeitlich zu begrenzen. Eine regelmäßige Neubesetzung könnte gewährleisten, dass eingetretene Pfade auch wieder verlassen werden, damit sich keine Automatismen bilden, die Alternativen von vornherein ausschließen.

Auch auf supranationaler Ebene müssen Entscheider einer stärkeren Kontrolle unterliegen. Wo mit der UN oder der WHO de facto „Ersatzregierungen" errichtet worden sind, dürfen diese nicht länger im demokratiefreien Raum agieren, in dem die Bürger nur Zaungäste sind. Mit Corona ist die Balance zwischen Regierenden und Regierten weithin verloren gegangen. Es wäre vorrangige Aufgabe der Leitmedien, die Wiederherstellung täglich einzufordern. Stattdessen gefallen sie sich in der Rolle, die Macht der Herrschenden über die Beherrschten abzusichern und die Bürger aufdringlich zur Folgsamkeit zu erziehen. Auch für sie hätte Friedrich Dürrenmatt heute sicher deutliche Worte. Der Schriftsteller und Maler wollte Erkenntnisse wecken, aber niemals belehren. Wie sehr sie der Welt doch fehlen, die großen Denker vergangener Tage.

Der Himmel ist grün
Wie Farb-Leugner den Staat ins Chaos stürzen

Stellen Sie sich vor, Sie leben in einem Land, in dem Ihnen die gesellschaftliche Ächtung oder gar empfindliche Strafen drohen, wenn Sie kundtun, es stimme nicht, dass der Himmel grün sei. Sie sind aufgebracht, weil dies ständig erzählt wird und inzwischen viele Menschen, die Sie kennen, dasselbe behaupten. Sie fragen sich, warum etwas verbreitet wird, das jeder Realität zuwiderläuft, und wie es sein kann, dass eine große Mehrheit der Falschbehauptung aufsitzt. Unablässig zeichnen Medien und Politik ein anderes Bild als das, was Sie Tag für Tag mit Ihren eigenen Augen sehen. Sie haben den Himmel schon in den unterschiedlichsten Blautönen erlebt, grau, schwarz, sogar blutrot. Dass er aber jemals grün gewesen wäre, daran können sich nicht einmal Ihre Großeltern erinnern.

In den Sozialen Netzwerken finden Sie Leidensgenossen, die ebenfalls nicht fassen können, was Sie täglich zu hören und zu lesen bekommen. Einige Ihrer Mitstreiter stellen tolle Aufnahmen ins Netz, doch nie ist die Farbe Grün zu sehen. Die Bilder werden von den Netzwerkbetreibern gelöscht, manchmal auch das dazugehörige Nutzerkonto. Es verstößt gegen die Gemeinschaftsstandards, Himmelsfotos zu veröffentlichen, die andere Farben zeigen als die offiziell erlaubten Grüntöne. Sie werden wütend. Gemeinsam mit Hunderten Gleichgesinnten beschließen Sie, gegen die polit-mediale Falschdarstellung auf die Straße zu gehen.

Hier fangen Ihre Probleme aber erst so richtig an. Die Erfinder der himmelweiten Grünfärbung waren darauf vorbereitet, dass Menschen wie Sie die Wahrheit nicht nur kennen, sondern auch verteidigen würden. Im Fokus steht nun nicht mehr die Diskussion darüber, wer Recht habe, obwohl diese Frage für Vernunftbegabte längst beantwortet ist, sondern die Kriminalisierung der Proteste. Wer das Dogma vom grünen Himmel anzweifelt, gilt als Staatsfeind. Den Anspruch der Herrschenden auf die Wahrheit infrage zu stellen, macht Sie zum „Rechten", der sicher auch noch zu ganz anderen Mitteln greifen werde. „Delegitimierer" heißen diese gefährlichen Subjekte ab sofort.

Die Gesellschaft müsse wachsam sein gegenüber solchen Extremisten, für deren Bekämpfung man umgehend mehr Steuermittel in die Hand nehmen werde, verkünden die zuständigen Minister. „Gehen Sie nicht dorthin, laufen Sie nicht mit", mahnen führende Politiker fast aller Parteien. Die Schlinge zieht sich immer weiter zu: Mit massivem Polizeiaufgebot werden die Demonstranten seit Wochen regelrecht in die Flucht geschlagen. Vielerorts werden die „Aufmärsche", wie die Proteste nun heißen, sogar ganz verboten. Erlaubt sind hingegen weiterhin Demonstrationen für die Regierungspolitik. Man müsse das Grundrecht auf Versammlungsfreiheit einschränken, um die öffentliche Ordnung wiederherzustellen, heißt es, obwohl von den Realitätsverteidigern keinerlei Gefahr ausgegangen war. Wer den Himmel grün färben kann, kann auch friedliche Demonstranten zu Extremisten machen.

Inzwischen beschäftigen sich von der Regierung zertifizierte „Experten“ mit der Frage, wie man der zunehmenden Grünfärbung des Himmels entgegenwirken könne. An den Universitäten wurden erste „Lehrstühle für Grünapokalypse“ eingerichtet. Eine ganze Industrie profitiert davon, dass staatliche Entscheidungen unter „Himmelsvorbehalt“ stehen. Die These hat sich durchgesetzt, dass der Mensch mit seiner Lebensweise für den grünen Himmel gesorgt hat. Ein Maßnahmenprogramm, das himmelgefährdendes Handeln unter Strafe stellt und eine Himmelssteuer vorsieht, steht kurz vor der Verabschiedung.

Die Zustimmung der Bürger ist überwältigend, wie Umfragen ausweisen. Wer will seinen Kindern schon einen grünen Himmel hinterlassen? Tragen wir nicht alle eine Verantwortung für künftige Generationen? Himmelverbände mahnen zur Eile. Sie haben gerichtlich erzwungen, dass die Himmelsrettung Verfassungsrang erhalten muss. Schon bringen erste Politiker das Blenden ins Spiel. Farb-Leugner, die nicht sehen wollen, dass der Himmel grün ist, bräuchten doch eigentlich gar nichts mehr zu sehen. Immer radikaler werden die Forderungen, immer unversöhnlicher die Debatten. Erste Mitläufer lenken ein. Man habe das mit dem grünen Himmel ja nie so richtig geglaubt, heißt es hinter vorgehaltener Hand. Doch das Eingeständnis kommt zu spät, der Totalitarismus hat gesiegt. Eine schlimme Vorstellung, nicht wahr? Seien Sie bloß froh, dass Sie nicht in einem Land leben, in dem man Ihnen weismachen will, der Himmel sei grün.

Ich bin müde
Es wird immer schwerer, die Freiheitsfackel zu tragen

Im Oktober 2011 habe ich das heutige wöchentliche For-
mat meines Blogs gestartet. Mit ein bisschen Stolz schaue
ich auf weit über 500 Essays zurück, die vieles früh vor-
wegnahmen. Doch ich bin müde, beständig zu mahnen, zu
argumentieren, zu erklären, aufzuwecken und zu appellie-
ren. Nur Ihre Unterstützung, Ihr Zuspruch und Ihr großes
Interesse an meinen Publikationen hat mich bis hierher getragen. Ich weiß aus unzähligen Rückmeldungen, dass ich
vielen von Ihnen helfe, den Mut nicht zu verlieren angesichts des Verfalls von Demokratie und Rechtsstaat sowie
der Gängelung durch menschenverachtende Ideologen.

Ich möchte Ihnen, den freiheitlich gesinnten Bürgern, die
sich den gesunden Menschenverstand erhalten haben, eine
Stimme geben. Es wird jedoch immer schwerer, die Kraft
dafür aufzubringen. Was ist noch zu retten in einem Land,
das von einer Politikerkaste vereinnahmt worden ist, die
das Gemeinwohl mit Füßen tritt, weil wir ihr nichts mehr
anhaben können und Lobbyisten sie im Griff haben? Wie
will man auf der anderen Seite gegen die ignoranten Massen ankommen, die sich lieber in die Scheinwelt ihrer Tag-
träume flüchten, als den unbequemen Gedanken zuzulas-
sen, dass ihr Weltbild einer Lebenslüge entspringt? Soll
man sich weiterhin verschleißen, wenn Argumente keine
Wirkung mehr entfalten, weil die polit-medialen Agitato-
ren Emotionen als einzigen Maßstab etabliert haben?

Die Staatsschuldenkrise hat eine Zeitenwende eingeleitet. Als Finanzkrise wurde sie von der Politik bezeichnet, um die Verantwortlichkeiten zu verschleiern. Es handelte sich aber keineswegs um einen Kollaps aus heiterem Himmel, sondern um die Folge falscher politischer Entscheidungen und Weichenstellungen. Die Betrugsmöglichkeiten für den Finanzsektor einerseits und die Überschuldungspolitik der Regierungen andererseits waren das Problem. In Europa wirkte der Euro mit den zwangsläufigen Verwerfungen infolge der Fehlanreize wie ein Brandbeschleuniger. Kaum hatte sich die Situation scheinbar beruhigt, weil die Politik ihre Fehler durch den Bruch von Regeln und Gesetzen kaschierte, die aber nur wieder neues Öl ins Feuer gegossen haben, beschloss die globale Machtelite, dass es Zeit für massive Völkerwanderungsbewegungen sei. Auch hier waren die Folgen absehbar und vielleicht sogar gewollt.

Die globale Migrationsagenda hat die Welt nachhaltig verändert. Ihre Konsequenzen erleben wir in den westlichen Demokratien noch unmittelbarer als die Erschütterungen durch die Staatsschuldenkrise. Daneben haben die Führer der einst Freien Welt mit der Erzählung von der Klimakrise inzwischen eine Ideologie als Herrschaftsinstrument für sich entdeckt, die ihnen so viel Macht über die Menschen gibt wie nie zuvor. Bloße Behauptungen, obskure Rechenmodelle und willkürlich gewählte Referenzperioden genügten, um ein System zu installieren, dessen perfide Narrative überall auf der Welt verfangen. Eine ergebnisoffene Diskussion ist dabei ausgeschlossen.

Zu guter Letzt haben wir es mit Corona zu tun. Es scheint sich dabei geradezu um das Meisterstück der neuen Herrscherklasse zu handeln, die mit großer Selbstverständlichkeit den Rechtsstaat aus den Angeln hebt und Gesetzmäßigkeiten schafft, die kurz zuvor völlig undenkbar schienen. Auch hier stützt sie sich auf undurchsichtige Modelle und willkürliche Grenzwerte. Was beim Klima so wunderbar funktioniert, ist für Corona gerade gut genug. Und wieder ist eine offene Debatte verpönt, weil Fakten stören und die Panik gefährden. Mit dem Totschlagargument des Rechtspopulismus wird ohnehin längst im Keim erstickt, was regierungskritisch daherkommt. Schöne neue Welt.

Das Unheil hat seinen Lauf genommen und ich konnte es ebenso wenig verhindern wie die vielen Dutzend anderen Freien Autoren dieses Landes. Wir wissen Millionen von Menschen hinter uns, mit denen es uns gelingt, die Totalitären auf ihrem Weg ein wenig zu bremsen. Die gewaltigen Systeme sind uns allerdings in jeder Hinsicht überlegen, von der unbegrenzten Ausstattung mit Steuern und Lobbygeldern über die Kontrolle der verfassungsmäßigen Organe bis zur vollständigen Besetzung des öffentlichen Diskurses. Was bleibt, ist die Hoffnung, die sanft Schlummernden mögen irgendwann erkennen, dass der jahrelange Selbstbetrug ihre Lage verschlimmert hat. Vielleicht können Regierungen dann Kritiker nicht mehr folgenlos niederknüppeln lassen. Vielleicht siegt tatsächlich die Demokratie. Vielleicht wird doch alles wieder gut. Ich zweifle. Sagen Sie mir, warum ich falsch liege. Ich bin müde.

*Gerne empfehle
ich Ihnen einige
weitere Bücher*

Hexenjagd

Die Demokratien der westlichen Welt befinden sich im Umbruch. Viel zu lange waren sie Spielball alteingesessener Parteien, die sich den Staat zur Beute gemacht haben. Wo immer heute Wahlen stattfinden, erhalten jene Zulauf, die einen Neuanfang versprechen. In den Vereinigten Staaten, in Frankreich und in Österreich zeigten sich erste Konsequenzen.

Dort bekam die Kaste der Berufspolitik von den Wählern die "Rote Karte" gezeigt. Auch hierzulande ist das Rumoren deutlich zu vernehmen, doch fehlt den Deutschen der Mut, mit jenen zu brechen, die den Parteienstaat über die Demokratie erheben. Es reichte bei der Bundestagswahl dennoch zum schlimmsten Debakel, das eine Regierungskoalition je erlebt hat, dem Verlust eines Fünftels ihres Stimmenanteils. Statt aber mit Einsicht und Demut, quittierte die machtversessene Kanzlerin den Denkzettel der Wähler mit Starrsinn und Trotz. Sie macht weiter, als wäre nichts gewesen.

Auf die wachsende Zahl ihrer Kritiker reagiert die Berufspolitik mit Diffamierungskampagnen und Ausgrenzungsappellen. Wo schon das einfache Hinterfragen der veröffentlichten Meinung einer Gotteslästerung gleichkommt, gilt erst recht als Ketzer, wer sich dem Mainstream-Diktat nicht unterwirft. Inzwischen soll ein Einschüchterungs- und Zensurgesetz Andersdenkende zum Schweigen bringen, damit das Wahrheitsmonopol von Politik und Medien nicht fällt. Wir erleben die Hexenjagd eines polit-medialen Kartells, das in seinem verzweifelten Kampf gegen Meinungsabweichler jede Glaubwürdigkeit verspielt hat.

HEXENJAGD ist im BoD-Verlag erschienen (ISBN 3746012384). Mit einem Gastbeitrag der Bürgerrechtlerin und langjährigen Bundestagsabgeordneten **VERA LENGSFELD**, die mit *„Back to the USSR"* eine düstere Dystopie zeichnet

Chronik des Untergangs

Deutschland steuert auf den Abgrund zu. Vor allem mit ihrer Migrationspolitik hat Angela Merkel das Land tief gespalten. Begleitet wird sie von Journalisten, die sich nicht mehr als nüchterne Berichterstatter, sondern als Lehrmeister mit Erziehungsauftrag verstehen. Haltung heißt das neue Zauberwort der Medien.

Nicht mehr Fakten stehen im Vordergrund, sondern journalistische Einordnungen. Was als richtig zu gelten hat und was als falsch, wird Lesern und Zuschauern täglich aufs Neue eingetrichtert.

Die unheilige Allianz aus Medienschaffenden und Berufspolitikern führt dazu, dass Journalisten inzwischen nicht mehr die Regierenden kritisch begleiten, sondern deren Wähler. In ihrer Überheblichkeit glauben sie, Nachrichtenkonsumenten müsse nur genügend Nachhilfe erteilt werden, damit sie die Richtigkeit politischen Handelns verstehen. Das gilt vor allem für die gescheiterten Politikfelder Energie, Umwelt und Migration. Die Mechanismen sind denen der beiden deutschen Diktaturen des 20. Jahrhunderts erschreckend ähnlich.

Es ist bald zu spät für ein Umsteuern. Grüner, linker und religiöser Fanatismus sind Vorboten eines neuen faschistischen Systems. Lassen wir nicht zu, dass ein solches ein drittes Mal in weniger als 100 Jahren auf deutschem Boden errichtet wird. Dieses Buch soll einen Beitrag dazu leisten. Es zeigt an einer Fülle von Beispielen aus dem Alltag eines Jahres, wie sehr Demokratie und Rechtsstaat in Gefahr geraten sind, aber auch, wie wir das Schlimmste noch abwenden können.

Mit einem ausführlichen Insider-Gastbeitrag des langjährigen *Spiegel*-Korrespondenten **MATTHIAS MATUSSEK** und einem Schlusswort der Bürgerrechtlerin **VERA LENGSFELD**.

Das Buch ist im BoD-Verlag erschienen (ISBN 3748128541).

Weltchaos

Die Welt befindet sich im Chaos. Wohin man auch schaut, bestimmen gesellschaftliche Konflikte die Schlagzeilen. Und dies nicht mehr nur in den klassischen Krisenregionen, sondern längst auch in den westlichen Demokratien. Die Schuld für die tief gespaltenen Gesellschaften wird gerne bei den sogenannten Rechtspopulisten gesucht.

Doch was ist Ursache, was Wirkung? Hat nicht erst die verantwortungslose Politik linker Gleichmacher das bürgerliche Lager herausgefordert? Sind es nicht gerade kompromisslose grüne Ideologen, die für Zwiespalt sorgen? Ist nicht die als unfair empfundene Migrationsagenda für das Erstarken neuer Kräfte verantwortlich, weil diese den berechtigten Sorgen der Menschen eine Stimme verleihen? Offenbar bewusst vertauscht die Politik Ursache und Wirkung, flankiert von einem ganzen Heer regierungsnah berichtender Medien, die das polit-mediale Wahrheitskartell mit allen Mitteln verteidigen. Fakten gelten dabei als störend, Widerspruch als Hetze.

Für den links-grünen Vormarsch zahlen wir einen hohen Preis: Sogenannte Nichtregierungsorganisationen bestimmen längst die Leitlinien der Politik. Mit gewaltiger medialer Unterstützung sind straff organisierte Gruppierungen entstanden. Sie sichern das Herrschaftsmodell der politischen Elite ab. Ein neues Zeitalter ist angebrochen, das von radikaler Umerziehung, totaler Vergemeinschaftung und absoluter Migrationsfreiheit geprägt ist. Die Meinungsfreiheit wird beschnitten, der Wert des Geldes abgeschafft und der Rechtsstaat geschleift. Wer daran erinnert, dass es zu den verfassungsmäßigen Aufgaben des Staates gehört, das Eigentum der Bürger zu schützen und deren Sicherheit zu gewährleisten, wird in die „rechte Ecke" gestellt.

WELTCHAOS ist im BoD-Verlag erschienen (ISBN 3750431752). Mit einem Gastbeitrag des Bestsellerautors **DR. MARKUS KRALL**, der *„Das neue Biest"* des Sozialismus beschreibt.

2020

Das Jahr 2020 steht für den Beginn einer ganz neuen Zeitrechnung. Die ausgerufene Corona-Pandemie hat drastischen Maßnahmen den Weg geebnet, die man noch kurz zuvor für unmöglich gehalten hatte. Unter dem Deckmantel des Bevölkerungsschutzes hat die Bundesregierung Gesetze erzwungen, die nicht wenigen Rechtsexperten verfassungswidrig erscheinen.

Die neuen Gesetze greifen weitreichend in die Grundrechte der Bürger ein und beschneiden die Mitsprache der Parlamente. Die Entmachtung des Bundestags ist allerdings beileibe nicht erst ein Kollateralschaden der Corona-Politik. Unter Kanzlerin Angela Merkel hat Deutschland schon in der Staatschuldenkrise ab 2009 und später beim Asyl- und Zuwanderungschaos ab 2015 immer wieder die Aushebelung der Verfassungsorgane erlebt. Die Missachtung des höchsten deutschen Parlaments zieht sich wie ein roter Faden durch die Amtszeit Merkels, die ein tief gespaltenes Land und eine nachhaltig beschädigte Demokratie hinterlässt.

Das Schüren von Ängsten und die Einschüchterung Andersdenkender sind bekannte Stilmittel totalitärer Systeme. Staatlich organisierte Angriffe auf die Meinungsäußerungsfreiheit haben ein Klima der Verunsicherung geschaffen, in dem sich viele Bürger aus dem gesellschaftlichen Diskurs verabschieden, weil sie Ausgrenzung, Zurückweisung und Sanktionen fürchten. Politik und Medien haben das von ihnen erzeugte Klima dazu genutzt, Panik auf jenen Handlungsfeldern zu verbreiten, auf denen sie eine neue Agenda etablieren wollen. Inzwischen werden die polit-medialen Narrative kaum mehr hinterfragt. Und so wurde das aus der Umwelt- und Klimapolitik bekannte Herrschen mit Horrorszenarien auf den Gesundheitssektor übertragen.

2020 ist im BoD-Verlag erschienen (ISBN 3752666427). Mit einem Gastbeitrag des Journalisten und Publizisten **ROLAND TICHY**, der *„Freiheit und Wohlstand für Alle"* fordert.

Und das meinen die Leser:

„Als Chronist der Zeitgeschichte beschreibt Peymani auch in seinem jüngsten Werk wieder äußerst klarsichtig und präzise, was viele von uns seit langem bitter bemerken, der Dynamik aber letztlich hilflos gegenüberstehen. Solche Veröffentlichungen erfordern in heutiger Zeit Einiges an Integrität und Mut, dies schon Werte an sich.“

„Wer die Sätze von Ramin Peymani liest, spürt sofort deren Wahrhaftigkeitsgehalt. Er hat die erfreuliche Fähigkeit, komplexe Sachverhalte einfach und klar auszudrücken und die Probleme unsere Zeit ihrer Ideologie zu entkleiden.“

„Wie immer toll geschrieben. Einzelne, voneinander relativ unabhängige Kapitel ermöglichen auch ein Querlesen.“

„Treffend beschreibt Peymani die galoppierende Schwindsucht unserer Freiheit und das Auftrumpfen von Sprachpolizei und Zensur.“

„Peymani ist eine verlässliche Quelle der Richtigstellung in einer medial verzerrten Welt. Das empfinden viele Leser seiner Bücher ebenso, wie ich nicht zuletzt aus meinem persönlichen Umfeld erfahre.“

„Fantastisches Buch, es zeigt alles auf was in Deutschland gerade schief läuft. Es hilft zwar nicht, aber man kann zumindest nicht sagen man hätte nichts gewusst.“

„Danke, Herr Peymani, Sie sprechen mir aus der Seele. “

Ramin Peymani (Jahrgang 1968)

Der iranischstämmige Autor lebt im Rhein-Main-Gebiet und engagiert sich ehrenamtlich in der Kommunalpolitik. Als ehrenamtlicher Kreisbeigeordneter ist er nicht nur mit den politischen Strukturen, sondern auch mit den Prozessen innerhalb von Parteien bestens vertraut. Diese sieht er als Hauptgründe für die Bürgerferne und Realitätsverweigerung der politisch Verantwortlichen.

Der frühere Banker und langjährige Büroleiter des DFB-Präsidenten ist Mitglied der Hayek-Gesellschaft und hält Fachvorträge zu Wirtschaftsthemen. Neben bislang zehn veröffentlichten Büchern schreibt Peymani regelmäßig in bekannten Debattenmagazinen und Online-Zeitungen wie *Tichys Einblick, Die Achse des Guten, Epoch Times, The European* und *eigentümlich frei*. Seine Medienarbeit beinhaltet außerdem einen wöchentlichen Podcast sowie ein Videoformat, das ebenfalls einmal pro Woche erscheint.